CATHERINE TESTA

Oser être soi...
même au travail

10 CLÉS POUR REDONNER DU SENS
À SON QUOTIDIEN

Michel LAFON POCHE

118, avenue Achille-Peretti – CS 70024
92521 Neuilly-sur-Seine Cedex
www.michel-lafon.com

Avant-propos

Trois ans ! Il m'aura fallu trois ans pour écrire le livre que tu tiens aujourd'hui entre tes mains. Je dois t'avouer qu'y poser le point final n'a pas été chose aisée, j'aurais encore mille réflexions à partager. « Oser être soi » nécessite de réfléchir à son parcours de vie, mais aussi à la société dans laquelle nous vivons et grandissons, et c'est cet équilibre entre soi et les autres qu'il faut chercher sans cesse.

C'est seulement après ces mois d'introspection pour la rédaction de cet ouvrage que je mesure l'ampleur du décalage entre qui j'ai été et qui je suis aujourd'hui. Comme beaucoup, j'ai eu du mal à devenir « moi ». Il a notamment fallu me délester, il y a maintenant quatre ans, d'une vie dans l'Upper East Side à New York, pour une existence plus simple, mais qui fait plus sens avec mes valeurs.

Si oser être soi veut parfois dire renoncer à certains privilèges et à un certain équilibre de vie, ce n'est pourtant

pas le plus complexe. Le plus difficile est souvent de se défaire de ses propres croyances limitantes ; avec elles, pas d'exploration possible.
Si je couche aujourd'hui sur papier les derniers mots à ce livre, c'est précisément parce que je suis allée explorer le monde au-delà du parcours qui m'avait jusque-là bercée.

« La logique vous mènera d'un point A à un point B, l'imagination vous emmènera partout. »

Cette citation d'Einstein, qui orne le fond d'écran de mon ordinateur depuis des années, semblait dire juste. Qui aurait pu penser que la petite brune timide et boulotte que j'étais créerait un site web suivi par quelque 500 000 internautes, intervienne à la radio, soit invitée à des conférences dans le monde entier et soit ainsi écoutée et lue par plusieurs milliers de lecteurs et lectrices ? Logiquement, personne. C'était compter sans le pouvoir de l'imagination : ma vie ne serait pas linéaire, Einstein me l'avait dit !

C'est ainsi qu'après quelques années passées dans le monde traditionnel de l'entreprise, j'ai quitté mon job. Si certains qualifient l'action de courageuse, elle était simplement, à ce stade de ma vie, « logique » à mes yeux ; en soi, la meilleure réponse à toutes mes (nombreuses) interrogations. Au fond, je cherchais à résoudre la grande équation de ma vie.

$$\text{la vie} = \int_{\text{naissance}}^{\text{décès}} \frac{\text{bonheur}}{\text{temps}} \, \Delta \, \text{temps}$$

Bien sûr, cette équation n'est pas complète et on peut y ajouter de nombreuses autres composantes, comme l'amour, les relations, etc. Mais si on sait définir son propre « bonheur » et les y inclure, alors elle me paraît exacte. La vie, c'est ce qui se passe de notre naissance à notre mort : il est bon de s'interroger sur ce à quoi nous dépensons notre énergie et notre temps. On peut chercher à résoudre cette grande équation à 20 ans ou à 60… Pour ma part, elle s'est présentée assez tôt. Non que la trentenaire que j'étais puisse être qualifiée de « sage », il n'y avait aucun brin de sagesse dans l'existence de surconsommation new-yorkaise que je menais. Mon chemin de vie me l'avait simplement imposée.

Avoir travaillé, avant mes 30 ans, dans le domaine du développement durable et dans celui du marketing digital m'avait plongée en plein paradoxe. Cette logique visant à pousser à la consommation ne me paraissait guère bénéfique pour notre planète et le monde de demain. Et j'en étais responsable.

Gus Speth, avocat et spécialiste de l'environnement, résume assez bien l'équation qui s'impose à notre société : *J'ai longtemps pensé que les plus gros problèmes environnementaux étaient la perte de biodiversité, l'effondrement de l'écosystème et les changements climatiques. J'ai pensé qu'avec trente ans de bonne science, nous pourrions régler ces problèmes. Mais j'avais tort. Les plus gros problèmes environnementaux sont l'égoïsme, la cupidité et l'apathie... Et pour composer avec ça, nous avons besoin d'une transformation spirituelle et culturelle. Et nous, les scientifiques, ne savons pas comment faire ça.* Il me restait donc à trouver le dénominateur commun entre ces deux équations : celle de ma vie et celle de l'existence en général. Alors, plutôt que de suivre la logique d'un cursus tout tracé (et de gravir mécaniquement les échelons au sein d'entreprises me maintenant dans une sorte de

schizophrénie), je me suis laissé guider par mon imagination pour oser me révéler et apporter une contribution que j'espère positive à mes contemporains.
La scientifique que j'étais a ainsi tout quitté pour rentrer en France et fonder le site www.loptimisme.com. Je prenais un risque : créer un site, sans connaître aucun journaliste pour en rédiger le contenu, et même pire, en n'ayant qu'une définition approximative du mot « optimisme » ! Pourtant, mon intuition me soufflait que pour envisager la société de demain, il nous appartenait de l'inventer individuellement. C'est ainsi que l'optimisme est devenu mon leitmotiv. Loin de moi l'idée de laisser croire que tout allait pour le mieux dans le meilleur des mondes, je voulais surtout que ce principe devienne un moteur dans un pays où le pessimisme l'emporte trop souvent et donner aux lecteurs l'envie de créer la société plutôt que de la critiquer… Il faut croire que les Français partageaient ce besoin d'optimisme : d'un site visité par plus de 500 000 lecteurs à des interventions au Sénat et dans de grandes entreprises, ma cause pour l'optimisme m'a fait emprunter un chemin que la rationalité n'aurait pas permis. De scientifique à auteure d'un livre, *Osez l'optimisme*, il n'y a finalement qu'un pas.
Puis l'envie d'écrire un nouveau livre s'est invitée. Si je rédige au quotidien des articles ou des posts sur LinkedIn et autres réseaux sociaux, il me semblait intéressant de

proposer un support plus complet permettant de synthétiser trois années d'explorations. Un de mes sujets de prédilection sur ces réseaux étant le « bien-être au travail », on m'attendait sur cette thématique. Synthétisant les dernières recherches dans le domaine, j'aurais effectivement pu proposer les « déterminants » du bonheur au travail et offrir un énième ouvrage à destination des entreprises. Je n'ai pu me résoudre à procéder ainsi, car cette enquête m'a imposé une autre vision : l'entreprise a bien sûr une réelle responsabilité dans le bien-être de ses salariés, tout comme la société en a une envers les citoyens. Mais même la meilleure entreprise du monde ne rend pas l'ensemble de ses salariés heureux. À l'inverse, certains salariés se sentent bien dans des environnements qui paraissent particulièrement anxiogènes à d'autres. En réalité, ce qui importe, c'est que chacun dispose des clés pour se sentir bien dans *son* entreprise. La question n'est pas celle du « salarié heureux ». La vraie question est : « Qu'est-ce qui fait de nous un adulte au parcours heureux ? » J'en suis convaincue, l'épanouissement commence quand on ose être soi et que chacun prend sa responsabilité individuelle au sein de la société. Alors, comment procéder quand on a grandi avec la loi du plus fort qui nous a imposé soit d'être le meilleur, soit de prendre les coups ? Que faire quand on évolue dans une entreprise qui nous accable de son poids hiérarchique ?

L'optimisme impose d'accepter qu'une part de la solution vienne de nous.

De ce constat a commencé mon enquête. Peut-être devrais-je dire « en quête ». Au lieu de m'intéresser aux salariés au sein des entreprises mêmes, j'allais m'intéresser à des existences et aux personnes dans leur entièreté : parce qu'on n'est pas *qu'*un salarié ou un citoyen, *qu'*un père ou un patron. On est tout cela à la fois. Et là était ma chance : m'étant moi-même dévoilée sur les réseaux sociaux, notamment sur Instagram et LinkedIn, j'étais pour beaucoup simplement Catherine, une entrepreneure partageant ses doutes, ses questions et sa vie professionnelle. Dans l'échange sincère, il me devenait possible d'interroger les internautes et de recueillir des témoignages authentiques et fournis pour mener mon enquête à bien.
On fustige les réseaux sociaux, mais ils ont parfois du bon. On s'est confié à moi comme à quelqu'un qui n'allait pas juger. On m'a raconté des vies, des peines, des souffrances, des joies. On m'a fait rire, on m'a émue aux larmes… Quel avait été le parcours de ceux qui, en France, se sentaient bien dans leur entreprise et plus généralement dans leur vie ? Quels étaient les

« déterminants du bonheur » transposables à l'intégralité des lecteurs ? Comment permettre à chacun de disposer des moyens nécessaires à son épanouissement ? C'est ce que j'ai cherché à livrer ici. Le monde est mouvant et cette réponse, valable aujourd'hui, sera peut-être obsolète dans quelques années. Je dois d'ailleurs avouer qu'entre le début de ma quête et aujourd'hui, de nouveaux paramètres sont entrés en jeu !
Ce livre est un chemin qui invite au questionnement, et avant de commencer sa lecture, je t'invite à te faire confiance, tu connais sûrement intuitivement déjà les réponses. Ce n'est pas un hasard s'il se trouve aujourd'hui entre tes mains.
Peut-être comprendras-tu dès aujourd'hui pourquoi tu l'as ouvert, peut-être y verras-tu une résonnance dans trois ans... Peu importe, nous n'ordonnons pas le temps et un parcours ne se construit pas en un claquement de doigts.

Je t'invite à t'accorder la bulle de temps nécessaire pour parcourir ces pages. Pas facile pour les femmes et hommes pressés que nous sommes... Pourtant, j'en suis certaine : **prendre le temps aujourd'hui, c'est ne plus en perdre demain**.
Bonne quête.

Conversation

Présentation

Je me suis longtemps demandé de quelle façon j'allais m'adresser à celui ou celle qui rencontrerait ce livre et allait en parcourir les pages. L'intention se pose dès les premiers mots d'un ouvrage et je dois me décider dès maintenant. Le tutoiement peut laisser paraître, dans la langue française, un manque de respect envers son interlocuteur. N'y vois nulle marque d'irrespect de ma part. Cette forme d'écriture me semble plus sincère, voilà tout. En écrivant, je m'imagine converser directement avec toi, comme avec un ami. C'est peut-être ce que nous serons à la fin de l'ouvrage.

La moindre des politesses est de commencer par me présenter. Il est possible que nous nous connaissions déjà, de visu ou à travers mes partages sur les réseaux sociaux. Dans l'un ou l'autre cas, il doit manquer quelques éléments. J'ai récemment découvert que les requêtes les plus fréquentes sur Google à mon sujet

étaient « Catherine Testa âge » et « Catherine Testa enceinte ». J'ai dû prendre quelques rides et un peu de poids... mais ce n'est pas le sujet.
Au fond, je suis moins embêtée de répondre à ces questions qu'à la requête « Catherine Testa métier ». Si beaucoup savent se présenter d'un « je m'appelle W, je suis x chez Y », « x » représentant un poste et « Y » une entreprise, j'ai bien du mal à proposer une telle définition de ce que je fais. Je dois d'ailleurs te faire une confidence : pour moi, le binôme « emploi + entreprise » ne suffit pas à nous définir. Je me suis toujours affolée que notre société se berce de cette illusion et qu'il s'agisse de la première question posée lors d'une rencontre. Cela permet-il d'éviter de parler *vraiment* de soi et de maintenir une certaine distance avec l'autre ? Probablement. Cela renforce au demeurant cette croyance selon laquelle on peut identifier un individu par son métier et son entreprise. En 2020 ? Vraiment ? Le monde dans lequel nous vivons est en perpétuel mouvement, nos emplois le sont tout autant. Si autrefois nous exercions le même métier « à vie », cette ère semble bel et bien révolue. Se définir à travers son poste me semble dépassé.

Le monde est rempli de belles personnes, si tu n'en trouves pas, sois-en une.

J'ai toujours trouvé plus intéressant de se présenter à travers un parcours. Évidemment, cela prend plus de temps et peut nous empêcher, dans certains cocktails, de zapper vers la prochaine personne « socialement plus intéressante » pour nous. L'étape de la rencontre me paraît pourtant particulièrement importante, riche et enthousiasmante. Je n'ai donc jamais cédé à ce diktat de la vitesse et je continue de prévoir des rendez-vous d'une heure et demie lorsque je rencontre un interlocuteur pour la première fois. Et ça surprend ! Il faut dire que notre société nous habitue à la vitesse et au zapping. Des « pitchs » en trois minutes aux profils Tinder et LinkedIn résumés en quelques phrases, la course au temps nous incite à trop souvent juger l'autre après seulement quelques secondes de communication verbale (et non verbale aussi, d'ailleurs). Ma présentation sera donc un peu plus longue, mais je l'espère plus complète.

Je ne suis ni auteure, ni PDG d'entreprise, ni coach sur Europe 1 pas plus que je ne suis « influenceuse ». Je suis simplement Catherine.

Passer du domaine de la physique-chimie dont je suis diplômée à celui du développement durable, puis à l'univers encore plus éloigné de l'optimisme peut sembler curieux à bien des égards. Mon parcours est si peu linéaire du point de vue extérieur que j'ai longtemps rougi d'être atypique et de ne pas réussir à entrer dans une case. Peut-être as-tu déjà vécu cette situation troublante : ne pas réussir à te définir en quelques mots dans une société qui attend de toi une réponse simple à : « Mais tu fais quoi dans la vie, alors ? »
Toi et moi sommes bien plus complexes que la définition que l'on fait de nous. Nous sommes tout à la fois : membres d'une famille, citoyens, amis, amants, passionnés, salariés, entrepreneurs… C'est cet ensemble de caractéristiques qui nous façonne et fait de nous les individus que nous sommes. Nous ne sommes pas seulement notre travail.

Cheminement

Pourquoi m'apparaît-il plus juste de m'intéresser au chemin de vie ? Tout simplement parce qu'il exprime notre singularité et fait de nous des êtres uniques. Personne ne poursuit la même aventure, quand bien même, de l'extérieur, nous disposerions de la même

« étiquette ». Par exemple, deux individus d'une entreprise occupant le poste de « responsable des ressources humaines » à deux années d'intervalle peuvent avoir des personnalités opposées, propres à leurs parcours de vie respectifs. L'un peut être doux, célibataire et fan de yoga, l'autre ancien commercial colérique et père de deux enfants.

Les amalgames ont la vie dure et tendent à mettre « tout le monde dans le même panier ». Tous les directeurs des ressources humaines de cette entreprise sont comme ceci, tous les comptables sont comme cela. Et la singularité de chacun ? Tous les chercheurs d'emploi ne se ressemblent pas, pas plus que les retraités ou les salariés exerçant un métier identique.

Mon chemin de vie m'a permis d'habiter quelque temps dans l'Upper East Side à New York et d'y mener une existence digne des séries télé. Certains y auraient vu l'aboutissement d'un chemin : flâner dans les beaux quartiers de Manhattan, travailler en face de l'Empire State Building, diriger une équipe et, cerise sur le gâteau, avoir la possibilité d'acheter de jolies robes chez Macy's. Je m'estime évidemment chanceuse d'avoir vécu cette incroyable expérience. Elle m'a permis de comprendre que la notion de réussite n'était pas la même pour tous.

Notre parcours est l'un des fondements de notre véritable identité.

En effet, après un certain temps, l'illusion de puissance dont je pouvais m'enivrer ne rivalisait plus avec les bonheurs simples du quotidien de ma vie française. C'est ainsi qu'un jour, j'ai décidé de troquer mes escarpins Louboutin pour des sandales plus modestes et la gestion d'une équipe internationale pour la vie d'entrepreneure. Je dois te confier qu'aujourd'hui, je suis heureuse de mon choix. La campagne normande devant laquelle j'écris n'a rien à envier à ces jolies chaussures. Et comme, avant les escarpins, j'ai grandi chaussée de bottes en caoutchouc dans la ferme de mes grands-parents, il était naturel de revenir à la source pour la rédaction de cet ouvrage.

L'extra se trouve dans l'ordinaire.

Je fais donc partie de ceux qui ont quitté un CDI et qui ont dû s'en expliquer. En France, il n'est pas communément admis d'oser quitter un emploi : « Une hérésie par les temps qui courent ! C'est la crise. » « Si tu savais le nombre de personnes qui rêveraient d'avoir ton boulot ! » « Tu as tellement d'avantages. » « Mais tu vas faire quoi ? » Famille, collègues, amis, tout le monde y est allé de sa remarque, de son jugement, parfois de son encouragement. Longtemps, je me suis questionnée. Pourquoi réagissaient-ils ainsi ? Avaient-ils tous si peur pour moi ? Depuis, certains me l'ont avoué : mon changement les a amenés à se confronter à leur propre existence. D'une décision, j'avais fait tomber la notion de réussite derrière laquelle nombre d'entre nous se réfugient et qui nous stigmatise depuis l'enfance. Je l'avais exprimé clairement : pour moi, seuls avaient de la valeur le chemin et l'accomplissement d'une cause.

Si tu t'interroges sur un éventuel changement de vie, je dois te l'avouer : sortir de la norme établie n'est pas de tout repos ! En plus de faire face à ses doutes, il faut faire face à ceux des autres. Pourtant, je ne quittais pas mon ancienne vie pour « ne rien faire ». J'avais un projet, même plusieurs, des intentions, une intuition. Mais comment justifier un « je le sens » face à une carrière toute tracée ? Le simple fait de quitter un emploi pour une situation plus précaire m'avait fait entrer dans une nouvelle case : celle des « hors-norme », des « atypiques ». Si aujourd'hui je ne m'en inquiète plus, sur le coup, je ne l'ai pas bien vécu.

« Ce n'est pas un signe de bonne santé que d'être bien adapté à une société profondément malade. »

Jiddu Krishnamurti

Après avoir quitté mon job, j'ai également décidé de quitter tous mes repères en partant pour l'Espagne, pays dont la langue m'était étrangère et où je ne connaissais personne. J'avais besoin d'un changement radical, il me fallait prendre le large pour sortir de tous ces schémas limitants que mon entourage, et plus généralement la société, m'avaient inculqués.

Déclencheur

Comment détecter le détail qui nous souffle à l'oreille qu'il est temps de changer une composante de notre parcours ? Quel est l'élément déclencheur ? C'est une question que l'on m'a maintes fois posée. La diplômée de physique-chimie, aimant l'approche de la physique quantique, te dirait qu'**une infinité de scénarios sont possibles et existent en permanence**, comme une suite à l'histoire de notre vie que nous écrivons un peu chaque jour. Hélas, par peur, on laisse souvent s'échapper les meilleures histoires. On refuse un nouveau travail, un nouvel amour, ou tout simplement une nouvelle opportunité par *peur* du changement, par *peur* de l'échec, parfois même par *peur* de la réussite.

Notre vie s'améliore par le changement, qui impose souvent d'aller au-delà de nos peurs.

Pour aller plus loin sur ces fameux déclencheurs, j'ai posé cette question à mes lecteurs via Instagram et LinkedIn : « Quel a été l'élément déclencheur à un changement de vie ? » Si j'en crois le grand nombre de réponses, les changements de vie sont plus nombreux qu'on ne le croit ! Plus de 4 000 réponses en quelques jours, que j'ai classées en trois grandes catégories :
– Les chocs : une maladie (un « mal a dit » de changer quelque chose dans la trajectoire de vie), une rupture soudaine, la perte d'un proche, un accident, des éléments forts dans 48 % des cas.
– La suite d'une dépression, d'un *bore-out* (épuisement professionnel par l'ennui), d'un burn-out (épuisement professionnel par l'excès de travail) ou d'une situation de lassitude (en dehors d'un choc) dans 44 % des cas.
– Dans seulement 8 % des cas, il s'agissait d'un choix de vie suite à un cheminement personnel visant à redéfinir son parcours. Je suis dans ce dernier cas.

Si mon déclencheur fut la suite logique d'un questionnement vint ensuite la prise de décision. « À quel moment as-tu eu le courage de tout quitter ? » J'ai longtemps été démunie face à cette question tant sa réponse me semblait absurde. Si tu as lu mon premier livre, *Osez l'optimisme*, tu t'en souviens peut-être. Il s'agit de la citation de l'ouvrage la plus relayée sur les réseaux sociaux :

« Si tu n'aimes pas l'endroit où tu es, bouge, tu n'es pas un arbre. »

Le jour où j'ai vu cette phrase s'afficher, j'ai demandé un rendez-vous à mon PDG pour lui confier ma volonté de quitter mon cocon doré. Une citation (pas la plus philosophique qui soit) a donc changé ma vie !
J'aime aujourd'hui en rire, surtout lors de tables rondes. Étant régulièrement invitée avec d'autres entrepreneurs, je me rends compte que nous sommes souvent interrogés sur le début de notre engagement. Alors que mes acolytes ont toujours une belle histoire à raconter, j'arrive avec ma citation, provoquant l'hilarité dans la salle ! Bien sûr, cette phrase fut nécessaire, mais le contexte était plus général. J'y ai vu un signe, ou encore une *synchronicité*. Ce mot ne fait pas partie de notre vocabulaire courant, pourtant nous sommes nombreux à l'expérimenter.

Il s'agit de l'apparition de deux événements sans rapport apparent, mais dont l'association a du sens pour la personne qui les vit. Je me questionnais sur le fait de changer de voie et cette phrase est arrivée...
Ma vie tient donc à un inconnu qui a, un jour, décidé de publier une phrase sur le web. Je n'ai aucune idée de son nom, aucune idée de son origine, mais il ou elle a changé ma vie et n'en saura pourtant jamais rien. J'aime évoquer cette anecdote. Elle permet de relativiser la prise de décision, et met en exergue l'idée selon laquelle une toute petite action que nous faisons sans réfléchir peut changer la vie de quelqu'un à l'autre bout de la planète sans que jamais nous ne le sachions. **Tu as peut-être changé, sans le savoir, la vie de nombreuses personnes.**
Dans l'intimité de ces lignes, nous pouvons nous l'avouer : notre parcours, qu'il soit professionnel ou personnel, se dessine au gré d'événements (plus ou moins importants) que nous expérimentons. Leur succession fait de nous ce que nous sommes.

Nouveau départ

C'est à Barcelone que j'ai décidé de partir une fois mon contrat terminé : un moyen de court-circuiter mon cerveau et celui des autres. Le mien en me disant que, même si mon idée ne fonctionnait pas, au moins j'apprendrais l'espagnol. Celui des autres, en déportant le centre d'attention : je ne quittais plus un CDI pour un projet, je quittais un CDI pour une passion – mon amour pour l'Espagne, bien connu de mon entourage.

Je me rappelle les sensations de ce premier jour à Barcelone. Le soleil catalan était déjà chaud pour un mois de mai. J'ai trouvé mon cocon rêvé sur le « forum des Français à Barcelone » : un *attico*, un de ces appartements offrant une vue sur les toits de la ville et dotés d'une terrasse. Je n'avais pas même entrepris les recherches que j'avais vu cette offre « urgente » sur Facebook : « Cause retour précipité en France, je cherche quelqu'un de confiance en urgence à qui louer mon appartement. » L'occasion était inespérée, surtout à ce tarif. Je n'ai pas réfléchi, j'ai bousculé mon emploi du temps pour arriver deux jours plus tard. La liberté, c'est saisir sa chance quand elle se présente. Tout s'est fait si vite que c'est à peine si j'ai réalisé ce qui m'arrivait.

Tu es beaucoup plus fort que tu ne l'imagines, tu peux faire beaucoup plus de choses que tu ne le crois.

Après des années de vis-à-vis à Paris comme à New York, cette vue panoramique sur Barcelone pour un loyer trois fois moins élevé me semblait incroyable. J'avais souvent rêvé de vivre là-bas sans vraiment croire que cela soit possible. Si j'avais réfléchi et si cette offre n'avait pas été urgente, j'en suis sûre, j'aurais trouvé mille bonnes excuses pour ne pas partir. Je ne me pensais pas assez forte pour partir seule.

Contempler l'horizon et apercevoir la mer au loin était un premier succès. Furtivement, un sentiment de réussite m'envahissait avant de laisser place à un doute terrible... Et maintenant, qu'est-ce que je fais... ?

Puis-je parler d'aboutissement alors que l'aventure commence seulement et que je suis totalement hors de ma zone de confort ? Me voici seule, dans une ville que je ne connais pas, avec pour seule amie une valise. Plutôt minimaliste. Je n'ai aucun repère ici, et ne parler ni espagnol ni catalan ajoute à ma vulnérabilité. Si j'ai l'idée d'un projet autour de l'optimisme, je dois avouer que je n'en connais pas encore les contours.

Je n'oublierai jamais le sentiment étrange de ce premier jour, un mix de peur et d'excitation. J'allais enfin apprendre à me connaître et rencontrer mon propre chemin. Bien sûr, tout ça, je ne l'avais pas compris à l'époque.

Tout
est
possible.

On a souvent *a posteriori* l'impression que le parcours a été facile. J'ai d'ailleurs tendance à oublier toutes les peurs que mon aventure m'a imposé de dépasser et tous les moments de doute qui sont normaux quand on prend enfin des décisions *pour soi*.

Après des années passées à écouter les autres, pour la première fois je m'écoutais et me responsabilisais. Impossible de blâmer mon patron, mon copain, mon éducation, ma famille. J'allais prendre mes propres décisions et en être la seule responsable. C'est en Espagne que j'ai compris que jusque-là, je n'avais fait qu'exécuter ce que le « standard de l'idéal » m'imposait. J'avais cru faire mes choix. En réalité, ils étaient guidés par le besoin de répondre à une norme, établie collectivement, qui définissait ce qu'il était bon d'obtenir dans la vie.

Combien sommes-nous
à poursuivre des rêves
qui ne nous appartiennent pas ?

Pour ma part, on m'avait dit que si j'étudiais les sciences, j'aurais un bon métier et que *de facto*, cela me rendrait heureuse. J'avais eu de la chance, j'avais toujours réussi à adapter mon parcours à mes aspirations et à travailler

dans des domaines qui me plaisaient. Du développement durable au digital, en passant par l'innovation, j'avais enrichi mon cerveau de connaissances, grandi à travers des rencontres. J'avais même obtenu une stature sociale respectable.
Maintenant je repartais de zéro, jusqu'à la langue. Tout cela m'a coûté, sur le plan financier, sur le plan émotionnel, sur le plan social. C'est seulement plus tard que j'ai compris qu'on n'avait pas besoin de se déplacer pour prendre un nouveau départ.

De « enquête » à « en quête »

L'optimisme

Maintenant que nous avons fait connaissance et que tu connais un peu mieux mon histoire, il me faut t'en raconter la suite et la naissance du projet de l'Optimisme. Ne t'en fais pas, cela ne sera pas long. Il s'agit simplement de te donner les éléments pour comprendre les fondements de mon enquête.

Lasse des faits divers mis en avant dans certains médias, j'étais convaincue qu'il était temps de donner la part belle à ceux qui s'engageaient pour un meilleur vivre-ensemble. Qu'ils soient auteurs, entrepreneurs, patrons, artistes, inventeurs, sans emploi, j'avais au cours de ma vie rencontré des centaines de personnalités inspirantes dont on ne parlait jamais. Pourquoi mettait-on en avant cet homme qui cuit son chat au micro-ondes (fait divers rapporté dans de grands quotidiens !) et pas les citoyens qui font du bien à la société ?

Au milieu de cette actualité anxiogène, il me semblait important de proposer des informations positives et d'élargir notre point de vue sur le monde. En soi, redonner de l'optimisme aux lecteurs et leur montrer qu'en agissant, on avait le pouvoir de changer les choses.

Être optimiste ne veut pas dire être naïf.

Curiosité française, nous avons tendance à confondre l'*optimisme* et la *naïveté*. Être optimiste semble vouloir dire être ignorant et regarder la vie avec des lunettes roses. L'optimisme que j'avais à cœur de promouvoir était celui de l'action, et pour moi une force motrice nécessaire à la construction de notre Société (avec un grand S) et de nos sociétés (avec un petit s, à savoir nos entreprises).

C'est ainsi qu'en 2015, depuis Barcelone, j'ai posé les premières pages web d'un site positif visant à partager de bonnes nouvelles et des parcours de vie motivants. La réalisation de ce projet a été un enchaînement de belles surprises et de synchronicités. D'abord Olivier et Monika, deux anciens collègues qui ont accepté de se lancer dans cette folle aventure. Puis Alexia, Alison,

Éva et toute une équipe qui travaille à nos côtés à la construction du site. De fil en aiguille, je me suis retrouvée à la tête d'une entreprise implantée à Bordeaux et à Paris !

De retour en France, j'ai eu envie de partager l'aventure sur les réseaux sociaux, en racontant les valeurs qui me tenaient à cœur, mais aussi l'état d'esprit dans lequel nous construisions le projet. Rapidement, les sociétés ont fait appel à l'équipe pour réfléchir à « l'Optimisme en entreprise » et aux actions pouvant améliorer la qualité de vie des salariés. La branche « professionnelle » www.loptimisme.pro est née. À l'instar du premier site, nous allions transmettre des récits de parcours et d'initiatives mis en place au sein des entreprises.

Plutôt que de préjuger et de dispenser des recommandations décorrélées de la réalité du terrain, nous avons fait appel à l'intelligence collective. Nous avons ainsi invité les entreprises à participer à un club pour chercher ensemble des solutions visant à améliorer la qualité de vie des salariés. En trois ans, nous avons travaillé avec plus de mille entreprises, fédérations, écoles, organismes publics… Des PME aux multinationales américaines, du patron faussement engagé au directeur extraordinaire qui ne s'en rend pas compte, nous avons vu de tout ! Le pire comme le meilleur.

Je suis devenue « influenceuse », notamment sur LinkedIn. J'ai donné des dizaines de conférences en France et à l'étranger. On m'a ouvert les portes des entreprises, j'ai rencontré tout autant les patrons que les salariés. J'ai parlé avec de grands théoriciens, des philosophes aux économistes. J'ai été invitée à intervenir au Sénat et dans d'autres institutions. Pourtant, plus j'échangeais, plus une conviction s'imposait à moi : la clé du bonheur au travail ne tenait pas en quelques « astuces ». En réalité, il s'agissait d'arriver à être soi-même. Il restait maintenant à identifier les clés permettant à chacun d'assumer sa singularité et de rencontrer son parcours de vie, même au travail.

Qu'est-ce qui rend heureux au travail ?

Je ne compte plus le nombre de personnes m'ayant posé cette fatidique question : « Qu'est-ce qui rend heureux au travail ? » La demande me fut même adressée via LinkedIn : « Que dois-je mettre en place pour que mes collaborateurs aillent mieux ? », question posée par un manager d'une entreprise de presque 200 000 collaborateurs... Si au début, je me refusais à répondre tout de go, ces demandes répetées ont été le point de départ de mon investigation.

« Rien n'est
plus fort
qu'une idée
dont l'heure
est venue. »

Victor Hugo

Disposer d'un média offre de nombreux avantages quand on veut explorer un sujet. Le premier est d'avoir un accès direct aux salariés et aux « vrais » témoignages, ceux qui imposent un échange – je ne pouvais me contenter de questionnaires à choix multiples. Autre avantage : recevoir quotidiennement dans ma boîte mail les dernières recherches sur le bonheur/bien-être issues des plus grandes universités ou des instituts de sondage ainsi que les lettres d'information des entreprises mettant en place des actions innovantes, les études sponsorisées par certaines marques ou encore les communiqués de presse de quelques entreprises opportunistes surfant sur la vague du bien-être. Des sociétés laissant croire que travailler chez elles est « trop cool » à celles qui doivent polir leur image pour recruter, le meilleur côtoie le pire. Des entreprises qui jouissent d'une mauvaise réputation offrent parfois de belles surprises et le « trop cool » peut cacher une réalité peu avouable. Car, osons le dire, le « bonheur » devient instrumentalisé.

« Que faire pour que mon salarié veuille rester dans mon entreprise ? Comment font les autres ? » Derrière certains coups de fil, nulle intention de permettre au salarié de se sentir bien, simplement un besoin capitaliste : parce que garder quelqu'un dans son entreprise, c'est optimiser son investissement.

En à peine trois ans, le sujet du bien-être des salariés est passé d'un « non-sujet » à un enjeu de business. Il y a évidemment des personnalités engagées (pas forcément les plus visibles...) pour qui changer l'état d'esprit latent dans les entreprises est une évidence. D'autres ont simplement compris qu'il s'agissait là d'une opportunité rentable. Livres, articles, conférences, le sujet est porteur : on va vous apprendre à devenir un manager bienveillant afin de permettre aux équipes de donner le meilleur d'elles-mêmes. Combien de salariés sont revenus vers moi en me disant qu'entre les mots et les faits, il y avait un écart et qu'ils s'en trouvaient encore plus désabusés. Car offrir un peu plus de bien-être au salarié ne veut pas forcément dire faire preuve d'altruisme ou d'empathie envers eux.

Peut-on vraiment enseigner l'empathie ?

Quand je me suis retrouvée coincée dans ce paradoxe du marketing face au développement durable, j'ai cherché des solutions. La seule que j'aie pu trouver était l'empathie, qui est la capacité intuitive de se mettre à la place de l'autre et de comprendre ce qu'il ressent. Si chacun en faisait preuve, il me semblait qu'on pouvait alors faire face aux enjeux de notre société. Il devenait ainsi impossible de ne pas faire attention à son empreinte environnementale en se mettant à la place de celui qui subit les désastres écologiques, et impossible **d'inciter les consommateurs à assouvir des envies fugaces en les poussant à une vie toujours plus vide de sens**. De la même façon, détruirait-on un collaborateur devant son équipe si l'on mesurait en amont les répercussions négatives sur lui et sur les autres ? L'empathie, encore une fois, me semble être une des pistes de solutions. Mais peut-elle s'apprendre ?

L'empathie impose de laisser son « moi égoïste » de côté, de ne pas juger son interlocuteur, voire d'essayer de se mettre à sa place. Je suis certaine qu'à la lecture de ces mots, tu penses à un ancien collègue, à un ancien patron ou compagnon en te disant qu'il était bien loin de ces considérations. Il semble que l'empathie ne soit pas naturelle pour tout le monde. L'enseigner dès l'enfance et la cultiver au fil des études me semblerait d'utilité publique et ferait peut-être de nous des citoyens, des salariés ou des patrons plus conscients. Il est d'ailleurs des entreprises qui cherchent à la cultiver, notamment ce grand groupe français qui a mis en place un fonds de solidarité qui vient en aide aux collaborateurs rencontrant une difficulté personnelle : tous les salariés peuvent contribuer d'un euro par mois pour l'alimenter. L'empathie en entreprise existe bel et bien.

Revenir à l'essentiel

Toujours est-il qu'un appel à l'empathie n'étant (hélas) pas suffisant pour éradiquer le mal-être des salariés, j'ai passé des mois à interroger des experts du sujet, mais surtout des salariés. Pouvait-on vraiment définir ce qui rend les salariés heureux ? J'ai confronté la littérature scientifique avec la réalité du terrain, et j'ai découvert que quelque chose n'allait pas avec ce que je lisais. Malgré des salaires parfois pharaoniques, de superbes locaux et les différentes composantes du « bien-être en entreprise » mises en place par la hiérarchie, je rencontrais toujours plus de salariés malheureux. Je mesurais leur tristesse, quel que soit leur statut au sein de l'entreprise. À l'inverse, je rencontrais des personnalités joyeuses dans des conditions de travail moins sécurisantes et il ne s'agissait pas là de cas isolés.

Progressivement, j'ai compris l'erreur. Les études sur le bonheur au travail ne s'étaient intéressées qu'au personnage que l'on incarne en entreprise. Il faut dire que nos employeurs aimeraient que nous déposions notre vie personnelle à l'accueil, or c'est impossible. Pas plus qu'il est possible de laisser notre vie professionnelle à la porte de la maison.

En réalité, il ne s'agissait pas de salariés malheureux, mais d'individus malheureux.

Je me rappelle cette conférence à laquelle j'étais invitée à m'exprimer au Sénat : le sujet était « la santé en entreprise ». Quelqu'un avait alors fait une remarque qui me taraudait : pouvait-on parler de « santé en entreprise » ? Ce que je vais dire va peut-être paraître évident, mais nous n'avons qu'une seule santé. Et c'est la même chose pour le bonheur, il ne s'acquiert pas à l'entrée de l'entreprise, il dépend de l'ensemble des aspects de notre vie.

Il me semblait qu'il était temps de sortir de cette *tendance* du bien-être à tout prix. Il fallait revoir le référentiel. Il ne s'agissait plus de définir les actions que les institutions comme les entreprises devaient mettre en place pour que chacun soit heureux, mais d'accompagner l'individu dans son entièreté. Il ne faut pas ôter à l'entreprise sa part de responsabilité, mais il me paraît illusoire de penser que celle-ci peut rendre l'ensemble des salariés heureux, pas plus qu'un maire ne rend tous ses administrés heureux. Trop souvent, nous ne comprenons pas pourquoi notre entreprise et notre métier ne nous satisfont pas alors même que, sur le papier, tous les ingrédients sont réunis. C'est simplement car nous avons dissocié notre vie professionnelle de notre vie plus globale.

Le bonheur nous appartient individuellement, et c'est à chacun de nous de le découvrir.

Une enquête

C'est donc loin des illusions et dans l'intimité des rencontres que j'ai interrogé salariés et non-salariés pour comprendre ce qui les rendait heureux ou malheureux, au travail comme dans la vie de tous les jours. C'est dans l'intimité de ce livre que je te révèle le résultat.

Au fil des mois, en plus des échanges « sur le terrain », j'ai posé sur les réseaux sociaux des dizaines de questions ouvertes, afin de laisser à chacun la possibilité de s'exprimer. Ayant noué une relation authentique avec les lecteurs, les réponses étaient sincères. Quand un propos m'interpellait, je poursuivais la discussion, par chat, par téléphone ou de visu. Je ne voulais surtout pas survoler les réponses et souhaitais éviter de tirer des conclusions hâtives.

Ayant identifié les zones de souffrance en entreprise, j'ai ensuite cherché les pistes de solutions qui s'offraient à tous : Quelles étaient les questions qu'un « individu heureux » s'était individuellement posées ? Quel avait été son parcours, professionnel et personnel ? Pouvais-je extrapoler auprès de populations plus larges ? Ce qui était vrai pour les uns l'était-il pour les autres ? J'ai aussi cherché à comprendre le sens du mot « bonheur » : Pourquoi certains arrivaient-ils à sublimer leur métier quand d'autres, au même poste, sombraient ? Finalement, mon enquête m'a amenée à découvrir l'« en quête » de l'autre, sa quête personnelle.

Je me suis ensuite rapprochée de chercheurs spécialisés en matière de qualité de vie au travail qui proposaient des sondages plus traditionnels afin d'y confronter mes résultats. Un millier de rencontres plus tard, quelque 60 000 conversations dans ma boîte mail à classer, j'ai enfin la possibilité de proposer quelques clés de lecture sur le sujet du bonheur au travail.

Ce livre, à l'instar du premier, s'adresse à tous ceux qui questionnent leur place dans la société et dans la

Société, à tous ceux qui s'interrogent sur leur parcours professionnel, prêts ou non à un changement de vie radical (rassure-toi, je ne fais pas partie de ceux qui laissent croire que tout plaquer, c'est mieux !). Il permet à chacun de comprendre ce qu'il vit quotidiennement et d'appréhender de façon sereine le chemin qu'il est en train d'emprunter. En l'écrivant, je pense aussi à tous ceux qui se sentent seuls, démunis face à un entourage sourd à leurs doutes. Et bien sûr, il s'adresse avant tout, aujourd'hui, à toi.

Une conviction

J'en étais convaincue, aujourd'hui, je le *sais*. Qui que nous soyons, nous avons la possibilité de dessiner notre propre trajectoire pour être heureux. Contrairement aux croyances populaires, il ne suffit pas d'avoir fait les bonnes études, pas plus que d'être manager dans une start-up dynamique pour être heureux. Cela suppose en revanche d'avoir réfléchi à sa propre définition d'un parcours réussi. C'est pourquoi je suis intimement convaincue que tu es seul en mesure de définir ce qu'est pour toi le bonheur. Et je ne chercherai pas à en imposer une définition.

Je t'invite à changer de point de vue.

Au fil des pages, tu découvriras dix chapitres correspondant chacun à une étape de réflexion. Chaque chapitre commence par le constat de ce qui semble poser problème dans notre vie professionnelle. Mon enjeu n'est pas de dénoncer un système, néanmoins, il me semble important de ne pas nier ce qui ne va pas. Je propose ensuite des prises de recul et des exercices simples à mettre en place au quotidien afin de prendre conscience de l'importance de sa richesse au sein d'une entreprise. Attendre que les autres changent ou que le système bouge peut être vain. Il est en revanche possible d'avancer de son côté et d'apprendre à être soi-même dans un contexte où l'on s'en empêche généralement.

Certains exercices pourront parfois mettre en question tes propres systèmes de croyance. Nous sommes ici dans l'intimité de la lecture, laisse-toi aller à une pensée honnête. Entre toi et moi, personne ne te jugera.

Dernier point avant d'entrer dans le vif du sujet : je t'invite à t'accorder le temps. Je le sais… Nous aimons aller vite, finir un livre et passer au suivant. L'hyperconsommation frappe même l'intrigue d'un roman ! Au fil des pages, je

t'invite à prendre le temps nécessaire pour t'interroger et surtout savourer ces moments pour toi.
Commençons par une bonne respiration, afin de laisser place au temps de la réflexion et de l'intuition…

1

Questionner son éducation

Par quel chapitre commencer ? La question m'a longtemps taraudée. Quel sujet était le prérequis à tous les autres ? Je suis finalement partie de la base : pour comprendre les adultes et salariés que nous sommes, il me semblait important d'évoquer l'enfance, afin de mettre en lumière les croyances limitantes que le système éducatif et la famille ont souvent fait grandir en nous. Nos années d'écoliers nous ont façonnés. Loin de moi l'idée de faire le procès du système éducatif français, nous pouvons nous considérer chanceux d'en avoir un ! Malgré tout, bien des dysfonctionnements du monde de l'entreprise et des souffrances individuelles proviennent de notre éducation.

Pour faire de nous
des adultes épanouis,
il faut souvent désapprendre
ce que le système éducatif
nous a appris.

Constat : un champ de bataille

L'expression est forte, certes, mais il serait malhonnête de ma part de ne pas évoquer le sujet de la violence au sein des entreprises tant on m'en a parlé. Une « guerre d'ego », « un jeu de pouvoir », « une guerre de territoire pour obtenir plus ou moins de budget distribué par le "roi" à ses meilleurs sujets ». Je n'invente rien ! Ces mots m'ont bien été rapportés.

Au fond, c'est vrai. L'entreprise ou la société peuvent être perçues comme un « terrain de guerre » dont certains sortent vainqueurs et d'autres vaincus. Les jeux télévisés à base de « vous êtes le maillon faible, au revoir », les émissions de téléréalité qui reposent sur le jugement d'un individu par d'autres individus, ou simplement l'école posent les bases d'**un système où les plus faibles sont évincés**, à moins qu'ils ne soient sauvés, car appréciés. Qu'est-ce qui les rend appréciables ? L'humour ? La plastique ? La tchatche ? Je te laisse juge… Cela te rappelle-t-il quelque chose ? Que cela dit-il de notre société ?

La télé ou les réseaux sociaux ne sont que des outils, ce ne sont pas eux qui nous ruinent, mais la façon dont nous les utilisons.

Une chose est sûre, la violence ressentie par les salariés est réelle. Là où nous devrions travailler collectivement pour une même cause, pour un idéal collectif, les guerres de tranchées s'invitent. Comment éviter cette dérive ? La réponse semble évidente : en faisant comprendre à chaque salarié la profonde complémentarité des uns et des autres, en pensant collectif et non compétition. Or, c'est rarement le cas.

Il est possible que tu te sentes démuni face au spectacle qui se déroule sur la scène de ton travail. Avouons-le, souvent, on ne peut rien changer : ni son manager, ni ses collègues, ni la philosophie de l'entreprise. Dès lors, comment y trouver sa place sans baisser les bras ? Comment prendre du recul pour ne plus se laisser gagner par la colère et les frustrations ? Première étape : comprendre d'où vient le problème.

Système de notation

Te souviens-tu de ton enfance d'écolier ? Quel était ton but ? Comprendre ta leçon, être le meilleur, obtenir une bonne note ? Pour ma part, il s'agit de cette dernière réponse. Peut-être manquais-je de maturité, mais l'enjeu d'apprentissage était clairement relégué au second plan. En posant la question autour de moi, je me suis rendu compte que je n'étais pas la seule dans ce cas. Nous avons été nombreux, tout au long de nos années scolaires, à nous intéresser au seul résultat évalué sur 20.

Quels sont tes objectifs ?

Reprenons le schéma de l'école et transposons-le à la vie d'adulte. Je t'invite à répondre honnêtement à ces questions (ce n'est pas simple).

1/ Cherches-tu à briller aux yeux de la hiérarchie ?

_ _

Si oui, pourquoi ?

_ _

2/ Cherches-tu à répondre aux enjeux imposés par ton manager ?

____

Si oui, pourquoi ?

____

3/ Cherches-tu à être le ou la meilleur(e) ?

____

Si oui, pourquoi ?

____

4/ As-tu peur d'une sanction de la part d'un manager si tu fais mal quelque chose ?

____

Quelle que soit ta réponse, pourquoi ?

____

5/ Qu'arrivera-t-il si tu ne réponds pas aux enjeux ?

____

En es-tu sûr(e) ?

____

6/ Valorises-tu l'apprentissage ?

____

Nous avons été façonnés de telle sorte que la crainte des représailles du supérieur nous traumatise encore. Même en tant qu'adultes, nous oublions l'apprentissage que nous vivons au seul regard qu'un N + 1, un parent, un manager ou un collègue va poser sur nous. Marqués par ce déficit de confiance acquis des années plus tôt, nous cherchons à plaire au « pouvoir » et à une hiérarchie qui nous fait peur, quand bien même il s'agit d'individus comme toi et moi. Insidieusement, des stratégies se mettent en place : certains jouent au bon élève, d'autres préfèrent la séduction et le compliment. Certains tentent bassement d'écraser les autres. **Les plus faibles perdent confiance en eux et deviennent les victimes de cette illusoire hiérarchie.**

J'ai longtemps été révoltée par les histoires qu'on me racontait et par toutes ces injustices. Ces plus faibles mis de côté. Ces charlatans beaux parleurs encensés. Au fil de mes rencontres, il m'est apparu de plus en plus clairement qu'une partie du problème résidait là : forts ou faibles, de façon violente ou douce, nous répondons aux traumatismes que nous avons vécus durant l'enfance.

As-tu, toi aussi, connu un professeur rendant les copies dans l'ordre des notes ? Je porte encore le traumatisme d'une professeure d'anglais et le souvenir de ce sentiment de vulnérabilité qui m'envahissait quand elle redistribuait les contrôles… Un tel classement

affaiblissait les personnalités les plus fragiles et créait des déficits de confiance toujours plus grands chez les « mauvais élèves ». Les uns étaient un brin humiliés, les autres valorisés ; les bases de la compétition étaient posées.
Cette anecdote d'enfance, vécue par bon nombre d'entre nous, illustre assez bien le système d'apprentissage français. Notre éducation nous apprenant à être le meilleur et mettant de côté la réussite collective, il n'est pas illogique que le salarié adopte les mêmes réflexes : la réussite individuelle prime sur la performance collective. J'évoquais précédemment l'apprentissage de l'empathie à l'école, mais ne devrait-on pas également enseigner la collaboration pour des projets communs ? Bien sûr, il existe des professeurs agissant différemment, ceux qui donnent aux enfants l'élan nécessaire, qui ne mettent pas en concurrence, ceux dont on se souvient encore trente ans après, car ils nous ont transmis leur passion pour la lecture, par exemple.

Empathie : alliée ou ennemie ?

Gageons qu'une personnalité trop empathique peut parfois se trouver démunie dans un tel univers compétitif.

« Plus on s'habitue
à réussir,
plus on réussit,
plus on s'habitue
à échouer,
plus on échoue,
sans raison objective. »

François Taddei

C'est pire pour les hypersensibles dont l'émotionnel et l'intuition surréagissent à chaque situation. On les prend pour des « faibles » incapables de contrôler leurs émotions. Les relations avec les collègues (et avec la famille) peuvent s'en trouver fortement impactées, et elles peuvent même avoir l'impression de ne pas être adaptées à ce monde.
Si tu te retrouves dans cette définition, si cela t'évoque un proche ou un collègue, sache qu'il ne s'agit nullement d'un caprice, **on ne choisit pas d'être hypersensible ou dans l'excès d'empathie**. On absorbe sans le vouloir les émotions des autres, on capte des informations sensibles que l'on doit trier, et tant qu'on n'a pas appris à les gérer, nos émotions font les montagnes russes ! Le sujet commence seulement à être pris en compte dans le monde de l'entreprise et par quelques responsables des ressources humaines conscients des singularités de chacun. Il ne s'agit pourtant pas d'un scoop ! Flaubert, doté lui-même d'une hypersensibilité, l'écrivait déjà à son époque : « Ce qui érafle les autres me déchire. »
Si l'hyperempathie doit s'apprivoiser, l'empathie, quant à elle, peut être une force motrice pour l'entreprise. Il n'est plus à démontrer que l'innovation se fait dans un climat de collaboration. Autant le dire, pour inventer notre futur (et avoir une chance de survivre

sur cette planète !), il est plus qu'urgent que chacun apprenne à travailler ensemble. L'entreprise doit être en capacité d'entendre l'intégralité des salariés et plus seulement celui qui s'exprime aisément en public. Le jeune stagiaire du troisième étage qui ose à peine parler est peut-être celui qui a la bonne idée. Encore cette semaine, la plus jeune de l'équipe m'est venue en aide face à un problème complexe : alors que je « butais » depuis des heures sur la solution, elle m'a donné son idée, brillante, suivie d'un « bah, c'est évident, tu vois ».

On tarde à le comprendre, alors je te le dis : il est possible que tu aies, toi aussi, les bonnes intuitions. L'idée lumineuse n'est pas seulement réservée à l'élite ! **Nous sommes tous complémentaires et indispensables au système**, mais pour cela, il faut déjà avoir conscience de notre valeur ajoutée. Si ce n'est pas le cas, il n'est pas trop tard pour la découvrir. Notre singularité n'ayant pas forcément été détectée durant notre enfance, je te propose une liste de « compétences douces » de plus en plus recherchées dans les entreprises. Tu te rendras sûrement compte qu'au-delà de tes « compétences métier », tu disposes d'autres atouts…

Petit scan de mes compétences douces

- Empathie
- Écoute
- Négociation
- Prise de parole en public
- Rédaction
- Adaptation facile aux nouveaux environnements
- Créativité
- Capacité à penser « hors du moule »
- Capacité à détecter les problèmes
- Capacité d'apprentissage
- Capacité d'innovation
- Capacité à résoudre les conflits
- Capacités managériales
- Capacité à jouer le rôle de facilitateur
- Capacité à inspirer
- Capacité à fédérer
- Enthousiasme
- Honnêteté
- Humour
- Fiabilité

L'empathie est donc une capacité ! À travers cette liste, il m'apparaît important de te faire prendre conscience de la valeur issue de ton vrai « toi » pour qu'à la fin du livre, tu te rendes compte de tes forces et puisses les utiliser pour être acteur de ton changement.

Plus intelligents ensemble !

N'est-ce pas d'ailleurs ce qu'Émile Servan-Schreiber, docteur en psychologie cognitive, met en exergue dans le livre *Supercollectif*[1] ? Sais-tu que le QI collectif (c'est-à-dire le QI d'un groupe organisé) est toujours plus élevé que le QI individuel le plus fort du groupe ? On a beau être le plus intelligent d'un groupe, on est toujours moins intelligent que le groupe ! J'aime partager cette conclusion qui démontre si simplement le besoin de complémentarité dans notre société.
Mieux. Sais-tu que le QI du groupe varie en fonction de la mixité et de la diversité des personnes qui le constituent ? Cela signifie qu'il faudrait toujours s'assurer d'une mixité sociale, mais aussi d'âge, de sexe et de culture des individus. Par conséquent, ce n'est pas parce qu'on a une assemblée de génies que leur capacité à

1. Émile Servan-Schreiber, *Supercollectif. La nouvelle puissance de nos intelligences*, Fayard, 2018.

résoudre un problème sera meilleure. Quand je vois le nombre de réunions auxquelles j'assiste où je suis l'une des seules femmes et régulièrement la plus jeune, je me dis qu'il y a encore du boulot.
Dernier point, le QI du groupe dépend de l'intelligence émotionnelle des individus qui le composent. Si tout le monde connaît le quotient intellectuel, la notion de quotient émotionnel est moins populaire, et pourtant tout aussi indispensable. C'est pour cette autre raison qu'il est important de créer des groupes de réflexion mixtes.

Nous avons, collectivement, besoin de toi.

Tu l'auras compris, travailler collectivement peut aujourd'hui servir notre avenir. Cela impose à chacun de mettre un temps son « mauvais » ego de côté, celui qui consiste, par une haute opinion de soi-même, à ne pas écouter les autres, à les juger, ou même à les écraser…
On commence lentement à l'intégrer dans le monde de l'entreprise, mais pour cela, il faut une véritable prise de conscience et sortir des schémas limitants de notre enfance. Des parents et professeurs convaincus de l'enjeu font aujourd'hui bouger les lignes au sein du système éducatif.

Tu es bien plus puissant que tu ne le penses.

Nous devons inventer l'avenir et planter dès l'enfance les graines du travail collaboratif permettant à chacun de révéler sa puissance en se sentant utile, et ainsi d'acquérir une certaine liberté.

Tu as du talent !

J'ai rencontré trop de personnes souffrant du syndrome du mauvais élève, qui répétaient sans même s'en rendre compte des phrases du type « je ne suis pas très intelligent », « je n'ai pas fait d'études », « je ne suis pas doué ».

Il n'existe pas de bons ou de mauvais élèves.

Savoir résoudre des équations mathématiques les yeux fermés n'a pas fait de toi un bon élève pour autant. Réciproquement, « être nul en maths » (tu l'as souvent entendu ?) n'a pas fait de toi un mauvais élève.
Chaque individu a ses forces, ses faiblesses, sa créativité, et c'est grâce à cette richesse individuelle que le collectif est renforcé. Le plus dur est d'apprendre à s'en servir, autrement dit à galvaniser ses potentialités pour les mettre au service du groupe.

Ne connaissant pas les métiers de demain, accueillons joyeusement l'ensemble de nos talents et compétences. Ils seront peut-être bientôt les plus recherchés. Qui peut affirmer que demain, savoir dessiner ne sera pas plus valorisé que savoir résoudre une équation mathématique ?

Plus tôt, tu as expérimenté la liste de compétences douces, elles te semblaient peut-être éloignées du milieu de l'entreprise. Je t'invite à observer l'étude du Forum économique mondial *The Future of Jobs*, qui met en avant les dix compétences professionnelles les plus recherchées en 2020, et à cocher les cases qui semblent te correspondre.

Les compétences de demain

- ♦ Capacité à résoudre des problèmes complexes
- ♦ Esprit critique
- ♦ Management
- ♦ Esprit d'équipe
- ♦ Intelligence émotionnelle
- ♦ Jugement et prise de décision
- ♦ Sens du service
- ♦ Négociation
- ♦ Flexibilité

Je t'invite maintenant à relire chacune de ces compétences et à t'interroger : Les utilises-tu au quotidien dans ton travail ? Pour chaque case cochée, illustre-la d'un exemple que tu peux noter sur une feuille à part. Cela pourra te servir de baromètre lors de ta prochaine rencontre avec les DRH ou si tu es en pleine recherche d'emploi !
En osant mettre en avant ses talents « innés », on peut enfin aligner parcours professionnel et parcours personnel.

Aujourd'hui, tu es capable d'utiliser tes forces pour façonner ton parcours de vie.

J'évoquais le cas des « mauvais élèves », mais ce n'est guère mieux avec les bons. Combien sommes-nous à avoir suivi un cursus scientifique « parce qu'on en était capable » ? Je fais partie de ceux-là.
Le « non-alignement » commence dès l'enfance. J'ai souvent employé cette expression en conférence et je

me rends compte qu'elle n'est pas si évidente à comprendre. **Le non-alignement est pour moi le fait de ne pas choisir son « métier » – ou carrément sa « vie » – en fonction de ses talents et de ses envies.** C'est, en quelque sorte, exercer un métier ou une activité pour laquelle nous ne sommes pas faits, et être, comme on dit, « à côté de ses pompes ». As-tu déjà fait des choix que toi-même tu ne comprenais pas ? C'est ce qui m'est arrivé lorsque j'ai choisi ma filière... Alors que je suis une créative, j'ai décidé de faire de la physique-chimie. Je suis objectivement maladroite, n'ai aucun sens des proportions (1 ml de produit chimique dangereux devient très vite 10 ml !) et je travaille souvent à l'intuition. Si bien qu'en travaux pratiques, je m'amusais plus à découvrir le nuage de couleurs créé en mélangeant deux liquides qu'à suivre la consigne de l'exercice. Soyons honnêtes, ce cursus n'était pas fait pour moi et me laisser jouer avec des molécules toujours plus explosives mettait même en danger mes professeurs et camarades !

Comme beaucoup, j'avais suivi le flot sans franchement réfléchir : apprendre le latin, choisir l'allemand comme seconde langue, passer un bac scientifique, étudier les sciences. On m'avait dit que c'était « ce qu'il fallait faire », car il y avait des « débouchés ».

Ce qu'il fallait faire n'était pas ce qu'il *me* fallait faire ! Remarque, cela prouve qu'on peut vivre mille vies en une. Peu importe notre formation de base, tout est possible…

Plongeons dans le passé…

Je t'invite à te prêter à ce petit exercice en te plongeant dans ton enfance. Tu peux consigner les réponses dans un carnet.

- De quoi rêvais-tu enfant ?
- Quelles étaient tes passions (assouvies ou non) ?
- Quels ont été les premiers métiers qui t'ont fait rêver ?
- Quelles étaient les personnalités (connues ou de ton cercle familial) qui t'inspiraient ?

Je propose souvent ce petit retour aux sources aux salariés des entreprises. Pour certains, cela permet de comprendre que leur métier est finalement dans la continuité de leurs rêves d'enfant (directement ou indirectement). Pour d'autres, le constat est parfois plus maussade

et fait ressurgir des désirs étouffés. Il reste néanmoins bon de les accueillir pour aller vers du mieux.
Cet exercice a permis de donner du sens à mon parcours parce que je dois bien t'avouer que j'ai longtemps cru que rien ne me prédestinait à un tel chemin. Pourtant, déjà à l'école primaire, j'avais créé un journal que je vendais 5 francs dans la cour de récréation... Puis, à l'adolescence, je regardais la série *Sex and the City* et enviais son héroïne, Carrie Bradshaw, une chroniqueuse new-yorkaise. Je n'avais pas un instant pensé que je pourrais un jour exercer le même métier... C'est seulement grâce à cet exercice que j'ai compris que les prémices de mon projet venaient de l'enfance. Certes, je ne croque pas les soirées new-yorkaises, mais sur bien des points, mon métier s'apparente à celui de mon héroïne de l'époque. Écrire des chroniques, diffuser et transmettre ce que je vois de bien et être, pour ainsi dire, spectatrice de mon époque. La seule différence : je ne vends plus mon magazine aux copains à la récré !
L'école est une étape indispensable à notre construction et loin de moi l'idée de seulement la critiquer. C'est d'ailleurs au sein d'une salle de classe que j'ai appris à écrire et si nous passons un moment ensemble aujourd'hui, c'est bien grâce à certains de mes professeurs. Je t'invite simplement à questionner ton éducation et à interroger

l'enfant que tu étais en mettant de côté ce que le système éducatif (école et parents) t'a inculqué.

Explorons nos rêves d'enfant,
valorisons nos talents d'hier,
ils nous seront utiles demain.

2

Se défaire du regard des autres

Certaines remarques négatives entendues durant notre enfance peuvent faire naître chez nous un déficit de confiance sur le long terme qui peut avoir des répercussions sur notre vie au travail. Ces phrases qui semblent anodines peuvent laisser des marques psychologiques et il ne faut pas les négliger. J'ai été touchée par le nombre de témoignages sur ce sujet. C'est pourquoi j'ai choisi d'y dédier un chapitre.

Constat : la maltraitance verbale

J'ai longtemps hésité à choisir ce mot, « maltraitance », mais il faut parfois oser. Si le sujet est tabou, il n'en demeure pas moins que la maltraitance s'invite sous différentes formes dans notre travail et dans notre vie personnelle. Nous y sommes parfois tellement habitués qu'on ne la détecte plus ; subliminale, elle devient parfois quotidienne.

La violence ne se caractérise pas forcément par des coups. Souvent invisible, elle fait toujours mal.

Qu'elles aient été l'œuvre d'un frère, d'une sœur, d'un ami, de voisins, ces violences verbales ont toutes fait partie de notre vie. Que l'on soit « trop » grand(e), gros(se), joli(e), timide, sympa, geek, etc., c'est depuis l'enfance que les remarques se répètent. Ayant appris à les gérer, on les évacue d'un « c'est bon, il n'y a pas mort d'homme », on tend à les minimiser, mais elles restent en nous telle une empreinte.
Le schéma se répète au travail. Un petit surnom, des taquineries, une blague un brin humiliante… Nul besoin de mots violents pour faire preuve de maltraitance verbale, quelques mots blessants bien placés – et répétés – suffisent. Du patron qui entend depuis son bureau les moqueries des équipes sur sa petite taille à la secrétaire à qui on fait une énième remarque sur sa gourmandise « excessive », n'importe qui peut en être victime et voici que le déficit de confiance en soi grandit… Mais que faire contre ça ? Comment y faire face ?

Se détacher des remarques

Qu'on se le dise, il est impossible de contrôler les paroles des autres, d'autant que, comme je l'ai évoqué précédemment, l'empathie n'est pas toujours de mise. La seule chose que nous pouvons contrôler, c'est notre réaction face aux remarques.

On mesure rarement le poids des mots, tant de ceux que l'on prononce que de ceux que l'on entend. Qu'elles soient vrai ou non, les paroles déplaisantes créent un rapport à l'autre dysfonctionnel et établissent, insidieusement, une relation de domination. Ces paroles font mal et ancrent, en celui qui les reçoit, une réalité parfois éloignée de la réalité. D'autant plus si elles viennent de la hiérarchie : elles font autorité, et voilà que nous devenons « celui qui oublie toujours tout » ou « celui qui fait toujours des erreurs ». Ce « toujours » fait passer une situation ponctuelle pour une généralité jusqu'à ce que, de nous-mêmes, nous nous y identifiions.

Certains utilisent volontairement les mots pour nous déstabiliser et mettent ainsi en place une forme de manipulation visant à nous laisser croire qu'il y a un problème avec ce que nous sommes profondément. Que ce soit un manager, un patron, un collègue, en nous dévalorisant, nos talents sont rabaissés. Plus de 85 % des salariés me disent en avoir été victimes. Manœuvrant à l'aide de sous-entendus, de silences et d'adaptation de la réalité, on parle même de pervers narcissiques dans les cas extrêmes, et le monde de l'entreprise n'en est pas exempt. Pleurer dans sa voiture avant d'arriver au

travail le matin, avoir une boule au ventre à l'entrée du bureau, ne pas dormir le dimanche soir à la veille d'une nouvelle semaine, les souffrances sont bien plus nombreuses que ce que les statistiques laissent penser. Pas de burn-out déclaré, on garde la face la journée et on attend que ça passe. Oser le dire reviendrait à paraître faible, on risquerait de ne pas être compris et en plus de passer pour le pleureur de service. On nous a appris à courber le dos, alors on fait avec et ça nous ronge…
Il est temps de démêler le vrai du faux et de ne plus se laisser déstabiliser par la perception que les autres ont de nous, qu'il s'agisse d'un manager ou d'un proche. Ce ne sont pas eux qui définissent une personne.

Nos mots ont toujours un impact sur notre entourage, nous nous devons de les mesurer.

Il existe un autre type de paroles toxiques : les mots que toi et moi prononçons sans mesquinerie, souvent sans même y penser, au nom de l'humour ou simplement en fonction de notre humeur du jour. Ces mots qui, sans que jamais nous ne le sachions, ont un impact… Pire, un compliment donné avec bienveillance peut même avoir une tout autre signification pour celui ou celle qui le reçoit. J'aimerais partager avec toi l'anecdote d'une amie. Elle me racontait qu'à chaque retour de vacances, ses collègues lui disaient qu'elle avait perdu ou pris du poids. Aucun jugement de leur côté. Pourtant, chaque fois qu'elle rentrait, elle appréhendait leurs paroles, la mettant face à ses propres doutes. Ou cette autre amie plutôt jolie dont on attribuait le succès à sa seule plastique.

Bien sûr, il ne s'agit pas de stigmatiser remarques et compliments jusqu'à ne plus oser s'exprimer. Il s'agit simplement de se responsabiliser en mesurant la portée de ses propres mots sans se culpabiliser. Nous sommes tous, tour à tour, victimes et bourreaux.

Pour ma part, j'ai longtemps souffert (sans en mesurer l'importance) d'être, aux yeux de bien des collègues (et de ma famille), « instable ». Il faut dire que j'ai toujours eu la soif d'explorer, d'innover, de découvrir. J'ai appris plusieurs langues étrangères, vécu dans différents pays, appris à jouer des instruments et passé des heures à décortiquer un sujet sans raison valable avant d'en changer. Des années durant, j'ai cru être instable. Toutes les remarques m'avaient incitée à penser que je n'étais pas normale et qu'il s'agissait d'un élément dont je devais avoir honte. J'ai depuis compris qu'il s'agissait en fait d'un trait de ma personnalité : j'aime apprendre et j'aime le changement !

Analyser les remarques

Il est illusoire de penser que nous pouvons, tout de go, nous détacher du regard et du jugement d'autrui, car nous vivons avec depuis toujours et en avons besoin pour avancer.

Ce petit exercice permet, en quelques minutes, de valoriser toutes les remarques que tu as entendues depuis l'enfance. Pour cela, dresse tout d'abord la liste de ces remarques. Pour chacune d'elles, indique sa force et ce qu'elle représente pour toi. Par exemple :

- On me dit bavard : cela veut dire que je suis sociable.
- On me dit lent : c'est parce que je suis méticuleux.
- On me dit ambitieux : c'est parce que j'ai envie d'aller au bout de mes convictions…

Remarque entendue à ton sujet	Quelle force cette remarque symbolise-t-elle ?

Grâce à cet exercice, tu pourras facilement identifier que chaque remarque illustrant un trait de ta personnalité peut avoir une connotation positive.

Bien qu'hypersensible, j'ai réussi à me détacher des critiques le jour où j'ai compris que **chacun juge l'autre selon son propre prisme** et qu'un défaut pouvait devenir une qualité et inversement. C'est simple : quasiment toutes les paroles que l'on prononce sont biaisées et puisent leurs racines dans notre personnalité. La mesquinerie qui nous est adressée n'est pas de notre fait, mais de celui qui la transmet.

La façon
dont les autres
se sentent
en ta présence
en dit beaucoup
sur toi.

Notre valeur ne diminue pas en fonction de ce que les autres pensent de nous.

Si malgré cette prise de recul, les remarques ont toujours autant d'impact, il est alors nécessaire de dire stop. En reprenant les principes de la communication non violente, on peut simplement demander à son interlocuteur pourquoi il répète sans cesse cette blagounette pas franchement sympathique. On peut aussi exprimer ses sentiments à l'égard de cette remarque pour montrer l'émotion qu'elle génère, ou encore poser la limite. Si la personne en face ne l'entend pas, cela signifie peut-être qu'il faut le lui dire plus clairement et frontalement, et à terme, si elle ne comprend toujours pas, s'en éloigner.

Illusion de la perfection

Nous avons tous des défauts. Si si, je te l'assure. Nul n'est parfait ! Je t'imagine sourire à la lecture de cette phrase tant elle paraît banale… Pourtant, la société dans laquelle nous vivons brouille les pistes entre la réalité et le divertissement, si bien qu'il devient difficile de faire la part des choses. Pour preuve, les réseaux sociaux qui ont tendance à projeter sur nous l'illusion d'une vie parfaite.

J'ai récemment partagé cette phrase sur le réseau social du même nom : « Ne laissez pas Instagram vous faire croire que la vie des autres est meilleure. » Cette publication a atteint les 10 000 likes et quelques milliers de partages. Un chiffre bien au-dessus de l'ordinaire : les « instagramers » ont peut-être vu dans cette publication des mots rassurants.

S'il y a bien un réseau où tout semble parfait, c'est celui-là ! Appartement magnifique et très bien rangé malgré les quatre enfants, vacances paradisiaques offertes à des influenceurs et influenceuses à la plastique parfaite ; et ces mêmes personnes de nous expliquer leurs astuces pour parvenir à un tel résultat, sponsorisées par quelques marques sous couvert de « code de réduction »…

On a vite fait de penser que notre vie est bien fade à côté de la leur… Mais quand on *slide* d'une photo à l'autre, on oublie que l'on ne voit pas l'envers du décor : la mise en scène qui a demandé de déplacer des meubles, le reste de l'appartement qui est sens dessus dessous, etc. Ayant rencontré plusieurs stars du réseau, j'ai découvert des coulisses pas si enviables. Car de l'autre côté du décor, il y a la réalité :

Ne laissez pas
Instagram
vous faire croire
que la vie
des autres
est meilleure.

un temps fou passé à se photographier (frôlant parfois les centaines de clichés pour en obtenir un qui soit « instagramable ») et la contrainte de publier non-stop, quitte à inventer une histoire pour tenir le public en haleine. Finalement, mettre en scène sa vie ne semble pas un métier si enviable… surtout quand on sait que la popularité tient à la fréquence des publications et que du jour au lendemain, un nouvel entrant peut balayer même le plus puissant d'entre eux. Une chose est sûre, il s'agit d'une pure illusion et il ne faut pas que cela te fasse culpabiliser.

Le mal-être personnel vient souvent de l'illusion que chacun se fait de la réalité des autres.

Le culte de la perfection visuelle semble être une règle sur Instagram (à quelques exceptions près, heureusement !) et s'immisce lentement sur LinkedIn. Des photos de salariés (si possible plutôt photogéniques) semblant parfaitement heureux dans des bureaux feng shui aux photos d'équipes en séminaire, en passant par des

Tops 5 expliquant comment être heureux au travail, cela semble tellement mieux chez les autres, tellement plus facile... Qu'on se le dise : ce n'est pas si simple et je peux te garantir une chose : parfois, ce sont ceux qui en parlent le moins qui en font le plus.
Il est aujourd'hui « facile » de se créer une image digitale. Je ne compte pas le nombre de déceptions que j'ai eues en rencontrant certaines personnes que j'admirais sur le web. Elles étaient devenues prisonnières de l'image induite par le marketing et croyaient vraiment que ces « likes » les rendaient meilleures ; si elles avaient un temps été pionnières dans leur domaine, elles avaient oublié cette remise en question si nécessaire pour rester fidèles à elles-mêmes. Inversement, j'ai eu de superbes surprises en rencontrant des salariés extraordinaires d'entreprises que j'avais qualifiées d'« affreuses », simplement car elles ne communiquaient pas sur leurs engagements.
Plusieurs fois, j'ai laissé mon jugement et donc l'illusion prendre le pas sur la réalité. Il y a quelques mois, j'ai failli refuser une conférence dans une entreprise que je trouvais terrible en matière d'engagements sociétaux. Mais une lectrice de mon premier livre m'avait invitée à intervenir au sein des équipes commerciales pour parler d'optimisme. J'ai finalement accepté, sans trop

d'enthousiasme, n'espérant rien trouver de révolutionnaire dans la culture de l'entreprise ! Eh bien j'avais tout faux. Certes, la société ne pouvait pas communiquer sur certains sujets, mais j'ai été bluffée par la joie de cette équipe. On sentait que les salariés s'y plaisaient, la direction mettait en place de nombreuses activités et invitait régulièrement des personnalités choisies par les salariés à intervenir. J'imagine que cette ambiance joyeuse ne l'était pas dans toutes les directions, mais n'oublions pas que **l'idée que nous nous faisons d'une réalité est loin d'être toujours juste**. Qu'il s'agisse de la vie de nos collègues ou celle d'une entreprise, nous spéculons souvent et nous laissons prendre au piège de l'illusion.

Au fond, ce n'est pas si illogique : quand on est aligné, on peut préférer l'être au paraître. Celui qui a une vie bien remplie ne l'étale pas sur les réseaux et bien des entreprises géniales ne communiquent simplement pas, préférant prendre du temps pour agir concrètement plutôt qu'investir à outrance dans la communication, choix au demeurant louable.

Au fil de ma quête, j'ai rencontré des dizaines d'artistes, d'influenceurs et de stars dans différents domaines – eux aussi travaillent ! leur métier est simplement différent de la majorité des nôtres.

Être et non paraître.

Plusieurs m'ont avoué avoir une vie virtuelle plus riche que leur vie sociale. Ils donnaient le change, parfois pour se rassurer sur leur popularité, parfois par contrainte, et traversaient des périodes compliquées imperceptibles au regard de leurs publications. Ils n'en parlaient pas, peut-être par pudeur, peut-être par peur du jugement ou pour ne pas se montrer vulnérables. Il est facile de comprendre qu'ils n'aient pas envie d'étaler leur vie privée, mais en maintenant l'illusion d'une vie parfaite, ils ne mesurent pas l'impact de leurs publications sur les lecteurs.

Si j'évoque le monde de l'influence, là où c'est le plus ostensible, il en est de même dans le monde de l'entreprise. Un homme ou une femme qui semble aujourd'hui être la quintessence de la réussite peut cacher des réalités privées moins enviables. Amour, amitié, famille… notre vie est jalonnée d'épreuves douloureuses et de moments heureux. **Nous ne connaissons pas l'intimité des autres, alors ne les jugeons pas hâtivement.**

Il me semble important de transmettre ce message ici : la réussite individuelle ou collective ne tient pas à l'image que l'on renvoie. Et une chose est certaine : personne n'a une vie parfaite !

Cherchons-nous
à avoir une vie épanouie
ou cherchons-nous sur les réseaux
sociaux la reconnaissance des autres
qui s'inscrit en nombre de likes ?

Que dit ton fil Instagram
ou ta page Facebook ?

Je t'invite à te rendre sur Facebook et Instagram et à regarder les photos que tu publies. Sont-elles représentatives de ta réalité ? Sont-elles naturelles ? N'y ajoutes-tu pas quelques filtres pour parfaire certaines images ?
Participes-tu parfois à cette illusion ? Sois honnête avec toi-même.
Ce que tu fais pour embellir la réalité, les autres le font aussi…
Cela permet de relativiser : non, ce n'est pas mieux chez les autres !

Être bienveillant envers soi-même

Ma vie a changé le jour où j'ai osé dire mon imperfection et où j'ai commencé à me foutre la paix. Je te le dis :

Je suis imparfaite.

Mon entreprise est imparfaite. Ma vie est imparfaite. Mon entourage est imparfait. Pour autant, tout ceci me convient parfaitement !
Bien sûr, l'admettre n'est pas si simple. Cela demande de déconstruire ce culte à l'obtention de la bonne note qu'on a développé durant l'enfance. Si je suis tout à fait sincère, je dois avouer qu'il n'a pas été facile non plus d'oser mettre en avant ma propre vulnérabilité – en clair, j'ai encore du mal à publier des images « moches » sur les réseaux sociaux. Pourtant, être auteure me rend vulnérable. Le simple fait que tu tiennes ce livre entre tes mains me met en situation délicate, car je m'expose à ta critique. En l'écrivant, je le sais, ce livre sera imparfait aux yeux de certains. Des lecteurs lui mettront une bonne note et je me réjouirai de tous les commentaires positifs. Mais certaines remarques seront peut-être blessantes, peu importe le temps que j'aurais passé à écrire : on m'évaluera selon un barème personnel et je devrai faire avec.

Tu ne t'en rends pas forcément compte, mais proposer quelque chose d'aussi intime qu'un livre dans lequel on se dévoile, c'est se confronter au jugement de celui qui le parcourt et c'est effrayant. Comme quand j'étais enfant, on va me noter, et bien qu'il ne s'agisse plus d'une note sur vingt, je serai tributaire du nombre d'étoiles sur un site marchand ; je dois te l'avouer, cela ravive certains souvenirs. Je pourrais décider de ne pas courir le risque de m'exposer au jugement, auquel cas il me suffirait de ne rien proposer. Mais je préfère oser et apprendre à accueillir les critiques, même celles qui peuvent être douloureuses.

Pourtant, je le sais, les systèmes d'évaluation sont subjectifs. Ça, je l'ai compris un jour de troisième en cours d'arts plastiques. Ma professeure observe ma peinture à la gouache : les toits de Paris dans le noir. J'en suis plutôt fière. Or voilà qu'elle juge mon travail d'un « pas assez subtil » avant de s'éloigner. Déçue et abandonnant l'idée de l'améliorer, je chahute avec mon voisin de l'époque, Clément, qui renverse le pot d'eau à pinceaux sur mon travail. Voici ma feuille complètement délavée ! L'enseignante, n'ayant pas assisté à la scène et passant dans le rang, pose son regard sur cette nouvelle œuvre et revoit immédiatement son jugement : me voici gratifiée d'un « brillant ». Ce jour-là, j'obtiens la meilleure note de toute ma scolarité dans cette discipline.

Si certains peuvent y voir aujourd'hui un signe de chance ou d'heureux hasard, à l'époque j'y ai simplement vu quelqu'un jugeant une copie selon son propre regard. Pour moi, c'était affreux.
On dit souvent que l'art est subjectif, mais ça va au-delà. L'ensemble des actions que nous menons ont une valeur subjective aux yeux des autres.

Il est inutile de chercher à obtenir la caution générale, c'est peine perdue.

Tu ne pourras jamais satisfaire tout le monde : ton patron, ton collègue, ton conjoint… Il est important d'être à l'aise avec cette idée. D'ailleurs, attends-tu de ton entourage la perfection ? Non. Parce que tu sais qu'elle n'existe pas. Tu as beau aimer ton conjoint, tes enfants, tes parents, tes amis, tu sais que, comme toi, ils sont parfaitement imparfaits et c'est parfait ainsi. Il en est de même dans le monde de l'entreprise.

Tu es
parfaitement
imparfait
et c'est parfait.

Les défauts de la perfection

Sur une feuille, écris le nom de trois personnes que tu admires.
Quelles sont leurs qualités ?
Identifies-tu quelques défauts ?

Sont-elles parfaites ?
Non...
Alors, fous-toi la paix !

La simplicité

Nous cherchons tellement à plaire que nous nous oublions parfois en route. Et c'est une question que l'on m'a souvent posée : Est-il possible de rester soi-même en entreprise ? J'ai interrogé mon réseau sur LinkedIn et Instagram. **Seuls 17 % des personnes ayant répondu estimaient être elles-mêmes au travail.** Cela signifie donc que quatre personnes sur cinq passent leurs journées à jouer un rôle. Ce chiffre est vertigineux.
Combien de personnes ai-je rencontrées à la limite de la schizophrénie, arborant quasiment deux personnalités,

une au travail et une à la maison ? Peut-être fais-tu partie de celles-là ? Il faut y prendre garde : plus vite qu'on ne le croit, on devient le personnage qu'on a créé et on met de côté une partie de son identité.
Je t'entends me dire qu'il est impossible d'être soi-même, que ce soit au travail ou de façon plus générale, en société : c'est trop dangereux, c'est tendre le bâton pour être encore plus jugé ! C'est vrai, oser montrer sa vulnérabilité n'est pas évident. Pourtant, jouer la comédie peut devenir éreintant. J'ai par exemple dans mon entourage un ami gay qui s'assume totalement auprès de sa famille et de ses amis depuis plusieurs années, mais les préjugés sont encore tels dans son milieu professionnel qu'il n'ose pas l'annoncer à ses collègues. Imagine l'énergie qu'il doit déployer quotidiennement pour ne pas mentionner son homme, pour rigoler aux blagues sexistes de ses voisins de bureau, ou pour subtilement ne pas répondre aux questions sur son intimité ? Les idées reçues ont la vie dure. Et comme l'a dit Albert Einstein :

« Il est plus facile de désintégrer un atome que de vaincre un préjugé. »

Sur ce sujet comme sur d'autres, ayant peur d'être jugé, on se tait. On ne parle pas de spiritualité alors qu'il s'agit de notre principal centre d'intérêt, on ne parle pas de ce handicap invisible par crainte que nos collègues nous stigmatisent. Pourtant, ne pas être soi-même demande de déployer beaucoup d'énergie. Il n'existe encore aucune étude mesurant l'énergie économisée à être simplement soi, mais je suis certaine qu'il s'agit là d'une énorme source d'économie pour une entreprise…

Et toi ? As-tu déjà eu l'impression de jouer un rôle dans ton entreprise ? Je dois bien t'avouer qu'à New York, j'avais ce sentiment. Je rentrais dans mon personnage, même mon apparence n'était pas en phase avec ma personnalité. Aujourd'hui, j'ose donner des conférences en étant habillée simplement – cela n'aurait jamais été envisageable à l'époque ! J'aurais d'ailleurs été traumatisée de la mésaventure qui m'est arrivée la semaine dernière. Quelques minutes avant de commencer une conférence dans une grande industrie du luxe, je suis allée me laver les mains et j'ai fait une énorme tache de savon sur un haut de couleur claire. Cela allait-il changer la teneur de mes propos ? Non. Cela pouvait tout au plus me mettre mal à l'aise. J'ai décidé de le dire à mes interlocuteurs. Je me suis présentée à eux avec ce haut marqué et me suis excusée. Le pouvoir de la simplicité : personne ne m'en a voulu et cela a détendu l'atmosphère !

C'est OK
si tu as oublié
qui tu étais...
Bienvenue
à nouveau !

Souvent, je me dis que la simplicité fait défaut à notre société. Elle permet pourtant une connexion plus facile à l'autre et nous promet d'économiser beaucoup d'énergie. Aujourd'hui, que je rencontre un PDG ou un salarié, ma tenue reste la même, mon discours reste le même et surtout, ma joie de les rencontrer reste la même. Bien sûr, s'affranchir de son personnage demande du temps et une certaine dose d'humilité. Cela impose d'oser la vulnérabilité et de ne pas chercher à plaire à tout le monde. Cela impose d'accepter de laisser ses différences paraître au grand jour, si tant est qu'il existe une norme… Cela demande tout simplement du courage.

Le plus grand bien
que vous puissiez faire aux autres,
c'est d'oser être vous-même.
Vous leur permettez
d'être eux-mêmes à leur tour.

En acceptant depuis des années cette norme de la superficialité et du jeu de rôle, bien des salariés n'ont pas révélé leur véritable essence. Or, quand on n'ose pas se révéler et qu'on se cache derrière un personnage qui n'est pas le nôtre, on rencontre les personnalités qui résonnent avec le personnage, et non avec qui nous sommes vraiment. Pour rencontrer ceux avec qui l'énergie résonne, il faut se dévêtir de ces couches qui ne sont pas nous et revenir à notre essence.

J'ose aujourd'hui dire qu'il existe des grands patrons que j'aime pour qui ils sont. Bien sûr, il en est des épouvantablement égotiques, mais je n'ai plus à les croiser. En m'alignant avec moi-même, j'ai rencontré ceux qui avaient déjà fait un chemin personnel et avec qui l'on se comprenait.

Dans ton travail, il existe forcément des personnalités avec qui tu partages des valeurs ou des centres d'intérêt, mais plus tu les caches sous d'autres couches de paraître, moins tu peux les rencontrer.

Identifier les bons interlocuteurs

On a parfois l'impression d'être un ovni dans son entreprise. Sujets de conversation opposés à ceux de ses collègues, convictions aux antipodes de celles de la hiérarchie, futilités et autres mesquineries

peuvent entraîner un repli sur soi ou le repli derrière un personnage qu'on s'invente !
Ne baissons pas les bras : explorons jusqu'à trouver le bon interlocuteur.
Je t'invite à essayer cette stratégie : placer quotidiennement dans les conversations quelques mots clefs qui te tiennent à cœur et évoquer subtilement tes passions.
Par exemple, dans mes conversations, j'ai longtemps employé les mots « synchronicité » et « sérendipité » pour identifier des personnalités qui me paraissaient en lien avec mes questionnements actuels.
Trouver les personnes qui nous correspondent peut parfois prendre du temps, mais ça marche !

« La simplicité
est la sophistication
suprême. »

Léonard de Vinci

3

Réfléchir à la quête du « toujours plus »

J'évoquais dans le chapitre précédent l'impact des réseaux sociaux sur notre vision de la réalité et de l'idéal. Autrefois, notre comparaison s'arrêtait à notre voisin et au nombre de pièces que sa maison comportait. Aujourd'hui, les réseaux sociaux permettent de « *stalker* » (épier via les outils digitaux) tous ceux qui sont passés dans notre vie.

Ne t'est-il jamais arrivé de regarder sur Facebook ou LinkedIn ce qu'est devenu ton camarade de primaire que tu n'as pas vu depuis des années ? Ou d'espionner ton ex-collègue qui semble avoir obtenu une promotion dans sa nouvelle entreprise ? Et cet autre que tu n'appréciais pas foncièrement qui, lui aussi, semble bien gagner sa vie, au vu de ses nombreux voyages à l'étranger ?

Constat : je ne gagne pas assez d'argent

Première cause de mécontentement dans l'entreprise : l'argent. Il faut dire que le salaire fait effectivement partie des « besoins primaires » de tout à chacun. Et si on explorait le sujet ? La question est-elle celle de l'argent ou celle de nos besoins créés par notre train de vie ?

Bien sûr, il faut de l'argent pour vivre. Soyons honnêtes, on voudrait presque toujours gagner plus. En posant la question sur les réseaux sociaux, plus de 96 % des personnes interrogées m'ont dit qu'elles aimeraient un meilleur salaire. Tu t'interroges sur les 4 % restants ? J'y reviendrai. Loin d'être la première source de satisfaction, le salaire constitue la plus grande source d'insatisfaction ! Et comme notre niveau de vie augmente en fonction de notre capacité financière, nous avons toujours besoin de gagner plus…
Un ami plutôt hippie que j'ai rencontré au Portugal m'évoquait son passé d'avocat d'affaires à Paris pour une firme américaine. À l'époque, son salaire annuel s'écrivait en centaine de milliers d'euros. Je lui ai demandé s'il vivait encore de ses économies : il n'en avait pas fait. Son rythme de vie avait augmenté proportionnellement. Son appartement comptait quelques centaines de mètres carrés dans un quartier huppé de Paris, il n'était pas rare qu'il dépense plusieurs centaines d'euros pour un repas et ses costumes coûtaient plus de deux fois le salaire de la secrétaire d'accueil. Pour être à la hauteur de ses interlocuteurs, il devait vivre dans l'opulence !

Nous souffrons plus de ne pas gagner assez que nous nous réjouissons d'une augmentation.

Tu l'as peut-être déjà vécu. Bien que t'impliquant fortement dans ton travail, on ne t'a pas donné d'augmentation. Il est d'ailleurs possible que tu gagnes moins que ce collègue qui pourtant « ne travaille pas plus que toi ». Sans parler des augmentations que certains obtiennent simplement parce qu'ils sont depuis longtemps dans l'entreprise, ces fameux points d'ancienneté qui se transforment en euros.
Qu'on se le dise : c'est injuste. L'éprise de justice que je suis a bien du mal à comprendre ces inégalités. La personne travaillant sur la chaîne à l'usine ne mériterait-elle pas un peu plus, et certains managers un peu moins ? Tous deux participent au même projet commun. Je ne suis pas la seule à m'interroger à ce sujet, même ceux qui distribuent la paie dans certaines entreprises se questionnent, mais « on a toujours fait comme ça, il y a des grilles ».
Alors que peut-on y faire ? Comment rebattre les cartes ? Comment faire en sorte de ne plus vivre la situation comme une injustice ? Ce n'est hélas pas parce que tu estimes devoir gagner plus que ton entreprise te donnera plus !

La reconnaissance financière est purement spéculative

Bien des salariés m'ont confié qu'être si peu payés était pour eux un manque de reconnaissance de la part de leur patron. De l'entreprise, c'est certain, de leur patron, un peu moins.

Une erreur de jugement se situe souvent à ce niveau : la reconnaissance financière serait une composante de la reconnaissance globale. Mais réfléchissons ensemble… Le montant du salaire versé en échange d'un travail l'est-il *a priori* ou *a posteriori* ? Eh oui, il l'est *a priori*, avant même de travailler, lorsque l'on signe son contrat d'embauche. Chaque salarié sait, à peu de choses près, ce qu'il va gagner chaque mois en échange de son travail. Exception faite de certains métiers dont les variables salariales peuvent être importantes, le volume d'argent gagné est connu à l'avance.

Par ailleurs, ce montant dépend de tout un tas de paramètres très éloignés de la quantité et de la qualité du travail fourni. Le barème de salaire se base souvent sur nos années d'expérience professionnelle, sur notre niveau d'études, sur le type d'industrie dans lequel nous travaillons et parfois même sur notre genre, notre look ou notre façon de négocier le salaire durant l'entretien. Enfin, osons le dire, il est des secteurs réputés pour

payer très bien leurs salariés, d'autres dans lesquels on gagnera moins à poste équivalent.
Plusieurs membres des ressources humaines m'ont confié être également convaincus que les gens « beaux » gagnaient plus d'argent, mais nous ne développerons pas cette hypothèse, car elle est impossible à démontrer (la notion même de beauté étant subjective). Bien sûr, des primes et des augmentations sur objectifs tenus sont possibles, mais c'est rarement un geste gracieux de remerciement (donc de réelle reconnaissance envers le salarié), il s'agit avant tout de permettre une augmentation de la productivité en échange de quelques euros supplémentaires. Pour ainsi dire : la reconnaissance financière dépend rarement de toi et du travail effectif que tu fournis.

Ne te laisse pas duper.
Ta valeur n'est pas définie
par ce que tu gagnes.

Il est d'ailleurs intéressant de noter que la motivation n'est pas proportionnelle à l'augmentation. Si une personne touchant un petit salaire est motivée pour gagner 100 euros de plus, d'autres n'ont plus la valeur des chiffres et estiment dès lors que 100 euros n'est même pas une augmentation ! Preuve s'il en fallait que le salaire seul n'est pas une reconnaissance en soi, son montant est purement spéculatif et la perception de sa valeur est propre à chaque individu. J'évoquerais le cas d'une amie qui a récemment rejoint une grande entreprise. Elle était fière, lors d'un dîner, de me parler de son salaire qui avait littéralement doublé en quatre ans. Elle se sentait enfin reconnue. En réalité, elle ne l'était pas plus que dans son ancienne entreprise plus petite, elle était même devenue au passage un numéro parmi tant d'autres. Son augmentation n'avait rien à voir avec sa valeur ou son travail, elle était la conséquence de ses changements d'entreprises successifs. Elle venait simplement de trouver, pour le même métier, une société qui paye mieux. Je dois t'avouer que j'ai été attristée de constater un tel attachement à la reconnaissance financière et non à la reconnaissance de son travail.

Il est des entreprises qui inventent des modèles différents, de celles qui partagent les bénéfices avec les salariés, ou d'autres qui estiment que le travail ayant été commun, la valeur créée se partage. J'apprécie ce type de gouvernance et c'est vers celle-ci que notre entreprise se dirige. Je n'ai pas fait de calculs savants pour réfléchir à la chose, cela me paraît simplement plus sain.

La bonne direction, c'est le bon sens.

Notre entreprise est encore jeune, pour cette raison nous pouvons la créer à notre image. Revenir sur un système mis en place de longue date est plus complexe et il est parfaitement normal que toi ou tes collègues puissiez vous sentir lésés financièrement. D'ailleurs, comme beaucoup, vous méritez probablement plus. Mais plutôt que batailler et perdre votre énergie dans un combat souvent vain, rappelez-vous que celui qui gagne le plus d'argent n'est pas forcément celui qui réussit le mieux, le plus reconnu, le plus intelligent, pas plus qu'il n'est le plus heureux.
L'estime qu'on avait avant pour celui qui gagne de l'argent peut assez vite s'estomper si nous déplaçons collectivement le centre de gravité de la norme et décidons que l'engagement (social, environnemental...) est la forme ultime de réussite.

Regardons autour de nous…

Choisis trois personnes dans ton entourage qui te paraissent heureuses et interroge-toi.

- Ont-elles un bon salaire ?
- Est-ce celui-ci qui les rend heureuses ?
- D'ailleurs, es-tu certain qu'elles gagnent si bien leur vie ?

Nous avons souvent tendance à nous méprendre sur ce que gagnent les autres… Positivement ou négativement !

« L'habituation hédonique » ou le syndrome du « toujours plus »

Non non, il ne s'agit pas seulement d'une expression savante ! Mais d'un phénomène que tu connais sûrement sans jamais avoir su le nommer.

Je vais l'illustrer avec un exemple. Te souviens-tu du premier endroit dans lequel tu as vécu seul ? Quelle douce sensation que ces premiers espaces de liberté. Avoir un lieu à soi, sans son frère ou sa sœur, disposer d'une chambre de bonne, puis d'un studio, puis d'un appartement F1, F2, F3, F100... Il nous en faut « toujours plus ». La faute à l'habituation hédonique : **nous nous habituons à ce que nous avons.** Nous prenons pour acquis ce qui, un jour, fut un privilège. Qui valorise le simple fait d'avoir un métier ? La personne qui vient de trouver un emploi après plusieurs mois de chômage. Qui valorise le fait de pouvoir marcher dans la nature ? Celui qui habite en ville. Ce qui est un luxe pour les uns peut être une banalité pour les autres. Combien de Parisiens fustigent-ils le fait de vivre à Paris sans jamais admirer la beauté de la ville ? Beaucoup !

Et dans l'entreprise ? Je me souviens du jour où, dans mon ancienne société, nous avons eu droit aux tickets-restaurants. Cet avantage, pourtant tellement normal pour nombre de salariés, fut pris à la hauteur de ce qu'il était par notre petite équipe : un cadeau de notre direction. Puis cet avantage nous a rapidement paru normal, et les nouveaux arrivants disposant de tickets-restaurants n'ont pas eu à mesurer ce que cela avait signifié pour nous... Très vite, il fut l'heure de râler quant au faible montant du ticket.

Nous nous habituons à ce que nous avons. J'ai dédié un chapitre à ce sujet dans *Osez l'optimisme*. Il existe des exercices faciles à mettre en place pour valoriser les petits bonheurs du quotidien.

Petits plaisirs oubliés

Nous avons tendance à donner de l'importance à ce qui ne va pas dans notre environnement professionnel. Et si on se prêtait quelques minutes à l'exercice inverse ?

Une stabilité financière ? Des tickets-resto ? Des RTT ? Des collègues sympathiques ? Des bureaux agréables à vivre ? Bien sûr, ce n'est nullement suffisant, mais trop souvent, je me suis rendu compte que des personnes en reconversion regrettaient ces avantages. Moi la première ! Si seulement j'avais su valoriser l'insouciance d'un salaire qui arrive à la fin de chaque mois…

Si je te propose d'identifier aujourd'hui ces petits plaisirs oubliés, c'est pour te permettre de retrouver du plaisir dans le quotidien de ton travail et ne pas regretter, demain, de ne pas avoir su les voir.

Déjouer le piège du marketing

Encore une fois, je vais m'écarter du chemin professionnel pour chercher des réponses plus globales. Je l'évoquais en introduction, définir ses aspirations profondes est fondamental pour envisager son parcours. Or, pour que celui-ci aille dans le sens qu'on veut lui donner, il est nécessaire que chaque individu, chaque salarié se dévêtisse de tout ce que la civilisation occidentale lui a appris. En commençant par éviter de se prendre au jeu du marketing…

Nous vivons à une époque dominée par un consumérisme irrépressible.

Pour avoir longtemps travaillé dans ce domaine, je ne peux que l'affirmer : les envies d'avoir « toujours plus » sont créées de toutes pièces par un marketing affûté. N'importe quelle marque qui investit suffisamment de moyens dans la pub peut nous amener à consommer son produit. Nous vivons à une époque où les entreprises sont capables d'envoyer sur Internet la bonne publicité au bon moment à celui qui représente la plus grande probabilité d'achat. Eh oui, en fonction des visites que tu fais sur la toile, des codes cadeaux que tu utilises et

même des achats que tu fais en magasin (vive les cartes de fidélité), elles sont capables d'analyser ton caractère et de définir tes besoins, ou plutôt tes « non-besoins » ! La conséquence pour toi ? Voir chaque soir la même pub pour ce tee-shirt (ou ce costume, on sait viser juste) qui te fait envie jusqu'à ce que tu l'achètes. Et d'inciter bon nombre d'entre nous à **nourrir des envies créées de toutes pièces par des industries en quête permanente de profits.**
Le marketing a vite fait de nous nourrir de rêves illusoires, loin de nos besoins réels. Alain Souchon en parlait déjà si bien dans sa chanson *Foules sentimentales*, parue en 1993... (non, je n'essaie pas ici de te mettre une mélodie en tête !) : « On nous fait croire / Que le bonheur c'est d'avoir / De l'avoir plein nos armoires / Dérision de nous, dérisoires... »
Avant de comprendre la puissance du marketing et de travailler dans ce domaine, j'ai été comme ça. À New York, j'ai acheté sans réfléchir ce que je possédais déjà dans ma garde-robe parisienne. Mon discernement était affecté, ma vue altérée, comme si mon cerveau était contaminé ! Je ne m'explique toujours pas mon manque de réflexion. Évidemment, il me fallait de l'argent pour consommer toujours plus et accéder à ces aspirations fugaces. En conséquence de quoi je ne pouvais pas envisager de quitter mon job. Manque de discernement

ou crainte de ne plus suivre la cadence de mes amis ? Je ne sais pas. Toujours est-il qu'avec le recul, je me rends compte du pantin que j'étais !

Je discutais récemment avec un couple d'amis, qui attendent leur deuxième enfant. Ils avaient mécaniquement cherché à déménager pour disposer d'une chambre supplémentaire. Or, au fil de leurs recherches, ils s'étaient rendu compte qu'aucun appartement plus grand ne leur plaisait autant que le leur (qui n'était d'ailleurs pas si petit). Quand j'ai demandé pourquoi cette recherche, ils m'ont dit qu'ils avaient « logiquement réfléchi ». Sauf que ce qui est logique n'est pas nécessairement ce dont nous avons véritablement besoin.

Nous tombons facilement dans le piège du « logiquement » et des normes établies par la société. À nous individuellement de nous interroger sur nos envies. De qui viennent-elles ? Des autres ou de nous ? Correspondent-elles aux valeurs que nous défendons ?

Je ne sais où tu en es dans ton parcours et je ne veux culpabiliser personne. Je t'invite aujourd'hui simplement à questionner tes envies et tes besoins.

La liste de mes envies

Un plus grand appartement ? Un nouveau pull ? Une plus belle voiture ? Un poste de manager ? Je t'invite à lister tes aspirations et à t'interroger :

- En ai-je vraiment besoin ?
- Pourquoi est-ce que je poursuis cet idéal ? (Tu peux te poser la question suivante : si tu étais seul au monde, en aurais-tu besoin ?)
- Correspond-il à une envie profonde ou non ?

Ne rougis pas d'avoir envie de certaines choses, elles correspondent toutes à une phase de la vie et il est important de savoir se faire plaisir. Tout le monde n'est pas fait pour avoir une existence d'ermite ! Ce n'est nullement le but de ce livre et je ne cherche surtout pas à t'y inciter !

J'ai simplement souhaité, au cours de ce chapitre, proposer quelques pistes de réflexion sur cette quête du « toujours plus ». Le salaire étant objectivement l'une des premières réclamations des salariés et probablement l'une des plus difficiles à satisfaire pour l'entreprise, j'ai découvert l'incroyable perte d'énergie de celles et ceux qui sont, avouons-le, rarement entendus. J'entends bien sûr également l'inquiétude de toutes les personnes qui ont du mal à finir le mois, et je ne peux malheureusement pas la soulager par ce livre – je ne peux qu'utiliser mon influence pour alarmer sur la souffrance qu'elle induit.

Personne ne peut être heureux s'il ne repositionne pas l'être avant l'avoir.

4

Écouter ses réelles aspirations

Comme je l'évoquais dans le chapitre précédent, il est difficile de discerner nos besoins dans une société mercantile, et l'un des plus longs voyages est celui qui nous permet de revenir à nos réelles aspirations.

J'ai, comme beaucoup d'autres, poursuivi des rêves toxiques éloignés de mes envies profondes. Des sortes de compensations qui, un temps, permettent d'oublier que nous dévions de nos chemins en nous berçant d'illusions réconfortantes.

*Il faut faire attention
à ce que nous désirons.*

Constat : manque d'équilibre vie professionnelle-vie personnelle

« Je n'ai pas assez de temps pour moi. » Voici l'une des sources principales de tension pour bon nombre de personnes. Il faut dire que le temps ne se crée pas et que la vie professionnelle empiète souvent sur la vie personnelle et inversement. Dans les moments de stress, on peut facilement entrer en conflit avec son partenaire, son patron, voire ses amis (s'ils trouvent que nous ne sommes pas assez présents pour eux, par exemple). Et voici que notre travail provoque des ravages collatéraux, rarement mesurés. Pour trouver le bonheur dans notre propre parcours, nul autre choix que de nous interroger sur nos envies prioritaires et sur le schéma de vie que nous projetons.

Le temps nous est compté,
alors ne le perdons pas !

Qu'est-ce qui te met vraiment en joie ? Qu'est-ce qui te fait vibrer ? Quelle cause veux-tu défendre ? L'enjeu de nos vies est d'être en capacité de répondre avec honnêteté à ces questions pour créer un parcours à notre image.

Il faut que ça résonne,
pas que ça raisonne.

Un nombre d'heures idéal ?

Qu'on se le dise, les études sur le sujet sont unanimes, passer de longues heures au travail au détriment de sa vie personnelle nous incite à nous sentir « moins heureux » et plus stressés. Les journées n'étant pas infinies,

rester plus de temps sur notre lieu de travail signifie en passer moins avec sa famille, à se divertir ou à faire du sport. Bref, à profiter de la vie.
Je ne sais pas si on peut dire qu'il existe un nombre idéal, commun à tous, d'heures travaillées par jour. Primo, d'un métier à l'autre, le degré de pénibilité est différent. Secundo, nous ne sommes pas tous les mêmes : si certains aiment travailler et construire un projet professionnel, d'autres préféreront développer des projets plus personnels. Tertio, pour certains, leur métier est leur cause, et leur travail est source d'enrichissement personnel.
D'ailleurs, il est une curiosité : le monde entrepreneurial. Tous les entrepreneurs que je connais à la tête d'un projet qui leur tient à cœur travaillent « trop » ! La première chose que m'a d'ailleurs conseillée mon mentor fut ceci : « Pour tenir dans la durée, tu travailles 8 heures par jour, tu dors 8 heures par nuit et tu fais autre chose pendant 8 heures durant la journée. » Je dois avouer que j'ai mis du temps à appliquer ce principe et que, parfois encore, je me laisse déborder… Mais il s'agit de mon choix, d'un choix conscient et d'une mission que je poursuis.
Cependant, l'un des grands dangers est le présentéisme en entreprise. Pour faire bien, ou du moins pour ne pas passer pour un fainéant, on reste au travail. Est-ce

culturel ? Est-ce lié à l'entreprise elle-même ? Je ne sais pas. Toujours est-il que lorsque je travaillais à San Francisco, à 17 heures, tous mes collègues étaient partis du bureau. Ils m'expliquèrent que rester signifiait ne pas avoir de vie sociale ou familiale et ne pas pratiquer de sport. Et c'était mal vu ! Comme quoi, tout est vraiment une question de perception. Plus de 35 % des lecteurs m'ont indiqué ne pas avoir pris leurs congés maladie et être venus au travail alors qu'ils étaient malades ! Pourquoi en arriver à cet excès et en oublier l'essentiel, sa santé ?

Questionnons cette culture du présentéisme et écoutons nos aspirations. Nous sommes cycliques, il y a des jours où nous travaillons mieux que d'autres. Et si on en tenait compte ?

Ascension professionnelle

Il est indispensable de prendre un peu de recul et d'éloigner certaines idées reçues. Par exemple, celle qui consiste à penser que chaque salarié rêve de gravir les échelons dans son entreprise. Réussir, c'est *forcément* devenir manager, directeur, associé… Quand le titre est écrit en français ! *Partner*, *associate* ou *executive*, quand on lui préfère son équivalent anglais. **Sommes-nous vraiment tous faits pour gravir les échelons ?**

Je me rappelle un post sur LinkedIn assassinant une amie qui racontait que son père avait souhaité rester ouvrier. Comment ? C'était impossible ! Chacun y allait de son jugement, on l'a même accusée de mentir. En l'occurrence, son père – le principal concerné – lui avait toujours dit qu'il préférait mener une vie simple et passer du temps avec sa famille, plutôt que jouer le jeu de la politique de son entreprise. Il savait qu'en gravissant les échelons, il devrait faire des concessions sur ses valeurs, voire « éliminer » certains de ses collègues, ce à quoi il se refusait. Il avait ainsi passé trente ans au même poste dans une petite usine du centre de la France, et ne regrettait nullement son choix.
Ma quête m'a menée à poser franchement la question de l'ascension professionnelle. Cela a-t-il rendu heureux celui qui a gagné un « + 1 » ? Si cela peut répondre à des besoins tels qu'« avoir plus d'argent », « changer d'univers », « gagner en compétences », une progression ne rend pas forcément plus heureux, le travail grappillant parfois sur la vie personnelle.
Plusieurs fois j'ai constaté qu'avoir plus de responsabilités avait tellement envahi le cerveau de mon interlocuteur qu'il avait l'impression d'être emprisonné dans un univers qu'il avait pourtant choisi. Faire du management d'équipe n'est pas donné à tout le monde. Celui qui n'est pas fait pour ça peut s'en faire des nœuds

à l'estomac. Supporter la charge de décisions lourdes de conséquences peut même avoir des effets dévastateurs. Le directeur des achats d'une grande entreprise me racontait avoir un jour changé de fournisseur, le coupant ainsi de son principal atout financier. Son entreprise a fait faillite, et le patron a sombré dans une profonde dépression. Cela arrive plus souvent qu'on ne le pense ! Avec les échelons viennent les responsabilités dont les répercussions peuvent être graves et nous hanter pendant des années.

Dans cette course à l'organigramme, on oublie souvent de prévenir le salarié des effets secondaires d'une prise de poste, on met de côté sa formation et son accompagnement. Et des cadres de s'être « laissé bouffer » par leur carrière et de s'effondrer pour ne pas s'être posé la question des conséquences tangibles d'un tel « privilège ». Certains d'entre nous sont faits pour revêtir ce costume, j'alerte simplement sur cette norme de l'entreprise qui impose le management comme une étape dans une carrière professionnelle. Tout le monde n'est pas fait pour ça, tout simplement parce qu'il s'agit d'une disposition de caractère qui ne convient pas à tous.

Ceux que l'on pense « fous » ou « faibles » de ne pas vouloir gagner en responsabilité dans une entreprise sont parfois, simplement, ceux ayant eu la capacité de prendre du recul sur leurs réelles aspirations et de faire preuve de discernement pour dire non, là où beaucoup, dépassés par la « norme », par l'ego, par la flatterie, que sais-je encore, disent oui sans en connaître les répercussions réelles.

Décider, c'est renoncer et assumer.

Petit scan

Voici une liste de questions pour commencer à explorer tes aspirations à devenir manager, et pourquoi pas grand patron !

- Es-tu capable de t'exprimer clairement quand il faut fixer des objectifs ?
- Sais-tu donner honnêtement des *feedbacks* (et donc ne pas faire plaisir à tout le monde) ?
- Supportes-tu les responsabilités ?
- Supportes-tu d'être jugé(e), et parfois même mal aimé(e) ?
- Sais-tu faire du « politiquement correct » ?
- N'es-tu pas trop ou pas assez empathique ?
- Es-tu prêt(e) à accorder plus de temps à ton entreprise ?

Être manager nécessite quelques dispositions de caractère. Bien sûr, tout s'apprend et chaque composante peut se travailler. Mais au fait, d'où vient cette illusion que réussir, c'est « passer » manager ?

Le poids des algorithmes

Une partie de la réponse se trouve dans nos algorithmes. Depuis quelques mois, je commence toutes mes conférences par ce sujet mystérieux, tant il me semble important d'en informer le public. Je vais donc me prêter à l'exercice ici.

Quand nous parcourons le web, nous décidons, au gré de notre humeur, de lire certains articles. Les diffuseurs (médias, blogs, réseaux sociaux), en fonction de nos premières lectures, nous proposent d'autres articles au contenu similaire ou voisin. Le but : nous faire rester sur le site, parce que plus nous y restons, plus nous visionnons de publicités et plus le média gagne de l'argent. Pour maintenir encore un peu plus notre attention, le créateur va nous proposer d'autres contenus similaires dans ce qu'on appelle les « recommandations à lire ». Proposer des articles sans rapport avec nos centres d'intérêt ou avec un positionnement diamétralement opposé au nôtre serait risquer de perdre notre attention et nous faire changer de média. **Nous entrons ainsi progressivement dans un prisme algorithmique.**

Par notre navigation, nous avons appris aux algorithmes à détecter ce que nous aimons lire, et Internet nous propose en retour du contenu sur mesure. Plus nous avons d'affinités avec un parti politique, plus on nous suggère des articles nous incitant à voter pour ce parti. Quel que soit le sujet, c'est la même chose. Par exemple, mes suggestions de lecture sont souvent liées à l'Andalousie. Cela t'arrive-t-il de voir passer des articles sur l'Andalousie ? J'imagine que non. Simplement parce qu'aucun de nous ne voit la même chose sur la toile.

*Ce que nous voyons
est le miroir de nous-mêmes.*

Internet nous fournit ce que nous avons envie de lire. Plus tu as l'impression qu'il faut grimper les échelons dans une société, plus tu liras d'articles sur le management, plus Internet te proposera des articles sur le sujet. Plus tu liras des articles sur des salariés ayant quitté leur entreprise pour une vie plus sobre, plus Internet t'en proposera…

J'évoque ici l'algorithme digital, il reste au demeurant la suite logique de notre algorithme « humain ». Plus notre entourage est carriériste, plus on va avoir l'impression qu'il s'agit d'un aboutissement. Étant souvent en relation avec ce genre de personnes sur les réseaux sociaux, ces derniers nous suggèrent les articles que ces mêmes amis ont appréciés, l'algorithme estimant que nous devons avoir des goûts en commun.

Vie réelle et vie digitale nous amènent parfois à penser qu'il existe une seule possibilité pour réussir : devenir entrepreneur, faire de la politique ou s'engager pour l'environnement, par exemple…

Ne nous laissons pas bercer d'illusions sur une réalité ou une autre. Si je me laissais aller à ce que je vois sur le net, j'aurais vite fait de croire que chacun a commencé sa quête personnelle et qu'il reste bien peu de personnes réfractaires aux idées de changement qu'implique notre société. En gros, j'ai éduqué mon algorithme à aller chercher ceux qui agissent et à me proposer du contenu qui m'intéresse !

Si aujourd'hui, mes interfaces LinkedIn et Facebook sont enthousiasmantes, ce n'était nullement le cas il y a cinq ans, avant que je saute le pas et bouleverse ma carrière. Ma page LinkedIn me suggérait à l'époque d'être mise en relation avec des profils aux titres tous plus ronflants les uns que les autres. Au milieu des *Senior executive leaders* et des *International assessment managers*, j'avais tout à coup l'impression d'être un ovni ! Alors en pleine quête personnelle, mes sujets de prédilection étaient plutôt l'univers, le sens de la vie ou la spiritualité.

C'est quoi, le sens de la vie ?
As-tu demandé à Google ?

Et j'ai vécu une sorte de traversée du désert. Je n'étais pas en souffrance, j'étais simplement en décalage avec cet entourage qui n'était plus dans le même moule que moi.

Pouvoir ou puissance

Dans la quête à nos aspirations intérieures, il convient de distinguer le pouvoir et la puissance. Le pouvoir s'acquiert *relativement* facilement : il suffit d'être nommé à un poste nous positionnant au-dessus des autres. La puissance, elle, s'acquiert intérieurement par un questionnement personnel qui permet à chacun de révéler sa véritable nature.

« C'est une erreur
de croire
nécessairement faux
ce qu'on
ne comprend pas. »

Gandhi

Que l'on soit un leader charismatique ou un simple salarié, notre puissance intérieure révélée peut à elle seule nous permettre de choisir notre parcours avec discernement.

La véritable révolution est celle de la conscience.

Voilà pourquoi l'ouvrier de l'usine devient aux yeux de ceux qui le rencontrent un homme de grande envergure. Il rayonne pour son choix, en phase avec son parcours de vie, il impose le respect. D'autres, à la réussite plus ostensible sur le papier, semblent éteints à ceux qui les rencontrent. Il n'y paraît pourtant rien à la lecture de leur profil…

LinkedIn, mon beau LinkedIn, dis-moi…

Je t'invite à parcourir tes pages LinkedIn et Facebook et à identifier ce que propose naturellement ton algorithme.
Des sujets que tu as l'habitude de lire ? Des articles que ton réseau proche partage ou qui vont dans le sens de tes convictions ?

Prête-toi à l'exercice. Puis prends le temps d'aller chercher l'information que d'ordinaire tu ne regardes pas, accepte de lire des articles aux autres tendances, va parcourir les pages dont les plus jeunes ou les plus vieux que toi s'alimentent chaque jour.

En cassant ta mécanique de recherche, tu découvriras une réalité tout autre...

Pour plus de diversité, tu peux identifier quelques personnes ressources qui te permettront de changer tes perspectives (maintenant que nous nous connaissons, tu peux d'ailleurs m'ajouter à tes contacts et me permettre ainsi d'ouvrir mon regard sur le monde !).

Si Internet permet de développer notre curiosité, celle-ci impose d'être choisie et de connaître l'impact de nos algorithmes sur le résultat de nos recherches.

L'illusion est valable dans les deux sens. Tu peux avoir l'impression que quitter un job est facile et que l'économie actuelle le permet. Inversement, tu peux avoir peur d'une crise certaine et te dire que ce n'est pas le bon moment pour partir. **Tout ce que tu vois sur le net n'est que le fruit de ton algorithme**, la réalité se situant souvent à mi-chemin...

La reconnaissance sociale

Revenons au « besoin » d'ascension sociale propre au monde de l'entreprise. Au fil de mon enquête, j'ai été frappée d'entendre nombre de salariés raconter qu'ils avaient cherché à gagner en responsabilité pour la seule reconnaissance sociale. Pour de multiples raisons : parfois par pure revanche sur la vie, parfois pour impressionner un cercle d'amis ou un voisinage, parfois même pour être au niveau de leur compagnon de vie, ne mesurant pas pour autant le danger pour leur vie personnelle.

Le poids du regard des autres que j'évoquais dans le premier chapitre conditionne nos aspirations. Être manager, ça fait « bien » ! Être directeur, c'est même encore mieux ! Certains cherchent dans ces postes non pas le sens qu'ils leur procurent à l'intérieur, mais la stature qu'ils leur donnent à l'extérieur. Qu'on se le dise : la reconnaissance sociale est purement spéculative, inhérente à son époque. En plus, elle est fugace !

La reconnaissance sociale ne dure pas.

L'adoubement de la société évolue au fil du temps et commence d'ailleurs à changer. Il y a quinze ans, être financier en CDI dans une grande entreprise était le Graal social. On se félicitait que son fils soit banquier. Mais ce métier correspond à un type de personnalité, et il n'est pas fait pour tout le monde ! Longtemps, la banque n'a eu aucun mal à attirer les talents, on s'y ruait. Mais aujourd'hui ? Cela fait-il toujours rêver ? Ce n'est pas si sûr. Du moins, pas chez une partie des plus jeunes. Un DRH me confiait d'ailleurs s'inquiéter. S'il n'avait aucun mal à attirer les jeunes de certaines filières, il n'attirait plus les casse-cous capables, selon ses dires, d'inventer la banque de demain…
Parce qu'**un nouveau culte de réussite a surgi : celui de l'entrepreneur**. Et l'étudiant en école de commerce de rêver lui aussi de révéler son idée au grand jour et trouvant ringard de travailler dans des machines aussi vieilles que nos sociétés du CAC 40.

Une entreprise fonctionne grâce à un collectif, chacun y est indispensable. Elle fonctionne aussi grâce à

ses sous-traitants. Alors comment se fait-il que certaines professions, pourtant indispensables, ne soient pas mieux valorisées ? Prenons un exemple, celui des éboueurs. Sans eux, impossible de survivre. Comment se fait-il qu'on ne les mette pas plus en valeur ? Pénibilité ? Mauvaises odeurs ? Pas seulement. Certaines professions sont simplement vues comme « le bas de l'échelle » dans la société. Elles ne requièrent pas de diplôme, elles ne sont pas « nobles ». Résultat : on ne les valorise pas. Pourtant, à l'ère de la sauvegarde de la planète, les enjeux inhérents à la gestion des déchets ne sont-ils pas primordiaux ? Ceux qui participent à leur collecte n'apportent-ils pas une réelle contribution à l'échelle de l'humanité ?
L'optimiste que je suis rêve d'un monde où l'on prendrait la pleine mesure de la valeur de chacun. Pour l'heure, nous vivons encore dans un système de valorisation très éloigné de la contribution sociale de chaque individu.

Les fondements de la reconnaissance sociale peuvent changer au cours de notre vie.

Tu fais quoi
dans la vie ?
Je fais
de mon mieux.

De temps en temps, je me prends à imaginer que le centre de gravité de la norme peut se déplacer. Qu'est-ce qui nous empêche aujourd'hui de définir collectivement qu'éboueur est un métier plus noble que financier (auteur, entrepreneur, avocat, etc.) ? Si tel était le cas, il y a fort à parier que la société serait différente !

Regardons le monde

Je t'invite à mesurer, dans ta rue, dans ton entreprise, dans ta ville, la contribution de chacun au système.
Et à y participer toi aussi !

5

Faire sa part

Je vais te confier un secret : tu es indispensable. Ô, je te vois sourire à la lecture de ces lignes et te dire que je ne peux me hasarder à poser une telle affirmation ! On a souvent tendance à SE minimiser et à minimiser son impact sur les autres. Il faut dire que l'on **nous dit rarement que nous sommes indispensables.** Bien sûr, notre entourage proche s'essaie parfois à nous le rappeler (quand nous avons de la chance). Mais notre environnement plus global tend à nous montrer l'inverse. Une rupture, et hop, voilà qu'on est remplacé (ou qu'on remplace !) grâce à un site de rencontres sur lequel on fait défiler les profils jusqu'à trouver un remplaçant. Les stars du moment ? De purs produits télévisuels qu'on jette quand on n'en a plus besoin. Les réseaux sociaux ? Des espaces où on « *follow* » et « *unfollow* » en un clic l'influenceur du moment. Eh oui ! Nous vivons dans une société où chacun semble interchangeable. Le monde de l'entreprise ne fait pas exception.

Constat : je ne suis pas indispensable

Les entreprises mettent tout en œuvre pour que les salariés puissent être remplacés sans difficulté. Il s'agit

d'ailleurs d'un élément de survie : aucun système ne peut se risquer à être dépendant d'une seule personne ! J'ai mis longtemps à en identifier la cause, les salariés n'évoquant que la conséquence : le sentiment de déshumanisation du monde du travail, sentiment souvent exacerbé par un badge ou un « matricule » leur permettant d'allumer leur ordinateur.
Cela ne pose aucun problème à celui qui a confiance dans le sens de son action et qui se sait faire partie d'un système plus grand. Au fond, nous sommes des suites de numéros : pièce d'identité, carte Vitale... Pourtant, une des causes de « souffrance » de bien des salariés trouve sa racine dans le refus des organisations de reconnaître l'individu à sa juste valeur. Or si nous sommes interchangeables, nous sommes malgré tout uniques, et faisons notre part au sein de notre entreprise.

Arrêter avec les « je ne suis personne »

J'ai trop souvent entendu ces mots : « je suis petit », « je ne suis personne », « je ne suis pas grand-chose ». Peut-être les as-tu toi-même prononcés ou les as-tu entendus d'un proche ? Soyons tous rassurés ! À l'échelle de l'humanité, nous sommes tous la même chose, à savoir de passage et en fait, pas grand-chose. Pourtant, à en croire notre ADN, nous sommes tous uniques !

Je pourrais te proposer un exercice t'invitant, tout au long d'une page, à écrire la phrase « J'ai de l'importance » pour te permettre de t'en convaincre. Bien sûr, certains se surestiment, mais bon nombre de salariés portent les séquelles de leur éducation, d'un boss tyrannique, d'un conjoint pervers narcissique ou plus globalement de notre société de l'interchangeabilité, pensant ainsi ne pas être grand-chose.

Tu es un parfait arrangement d'atomes !

Longtemps j'ai prononcé ce « je ne suis personne ». Je ne suis personne pour être interviewée, je ne suis personne pour intervenir en conférences, je ne suis personne pour être écoutée, je ne suis personne pour être lue. Je le pensais et je peux encore m'égarer à le dire. Un ami m'a un jour demandé d'arrêter de répéter ça : « En le disant, tu me dévalorises, parce que moi, je te lis et je t'écoute », m'a-t-il dit. Et il avait raison. En me minimisant, je minimisais ceux qui me faisaient confiance. À partir de ce jour, j'ai compris que j'avais deux possibilités : soit dire que je n'étais personne et tout le monde n'était *personne*. Soit oser dire que j'étais quelqu'un et tout le monde devenait aussi *quelqu'un* ! J'ai choisi la seconde option.
Tu es donc indispensable. Et ce, indépendamment de ton grade ou de ta place dans l'organigramme de

l'entreprise. Je l'évoquais au chapitre précédent : une entreprise fonctionne grâce à la somme de ses salariés. J'irai un peu plus loin ici. Aujourd'hui, le savoir est complémentaire. Si autrefois le savoir-faire d'un métier se transmettait de génération en génération (on était maréchal-ferrant de père en fils), aujourd'hui le savoir-faire se transmet de génération *à* génération. À ton avis, qui voit le mieux arriver une nouvelle tendance ? Le jeune un peu geek de 19 ans toujours fourré sur son smartphone. Qui comprend le mieux les enjeux inhérents à la sauvegarde de la planète ? Celui qui s'intéresse au sujet, indépendamment de son métier et de son âge.
Que tes compétences soient aujourd'hui mises à profit ou non, ne doute pas un seul instant de ta singularité. Nous sommes tous indispensables pour les autres.

Regardons le monde

Y a-t-il un domaine dans lequel tu as une compétence dont a besoin ton patron ou un collègue pour résoudre un problème ?

Dans la lumière

Dans nombre de systèmes, on ne voit que les personnes sous la lumière. **Pourtant, une entreprise ne fonctionne que parce qu'un ensemble œuvre pour un même objectif :** sans la personne travaillant sur la chaîne de production, les commerciaux n'auraient rien à vendre. Sans les fonctions supports et administratives, l'entreprise ne tournerait pas…

J'ai envie de te faire part de mon expérience récente sur le plateau de *The Voice*. Alors qu'on ne voit à la télé que quatre stars, un animateur et des apprentis chanteurs, j'ai découvert sur le plateau plusieurs centaines de personnes s'affairant pour que le spectacle existe : coiffeurs, maquilleurs, cameramen, éclairagistes, balayeurs… Ceux qu'on appelle les « stars » n'existeraient pas sans ce collectif. C'est grâce à un cameraman dont le métier est de faire des plans sur les chanteurs « connus » qu'ils sont connus, c'est grâce aux éclairagistes qu'ils sont dans la lumière, grâce aux maquilleurs et coiffeurs qu'ils sont transformés et prêts à monter sur scène.

Un fait m'a marquée. Lors d'un raccord maquillage, la voix de la régie a indiqué à l'un des « coachs » de « sourire plus ». Franchement, c'était un brin humiliant pour lui de se faire reprendre ainsi, devant un public de 500 personnes ! Tel un enfant, il s'est justifié d'un : « Mais non, je souris ! » À ce moment-là, je me suis souvenue que les « stars » aussi répondaient aux attentes des autres : elles devaient patienter sur une croix placée au sol durant une chanson qu'il fallait répéter trois fois jusqu'à obtenir le bon cadrage. Elles souriaient sur commande pour les besoins de toute une équipe : chorégraphes, producteurs, cadreurs, voix de la régie… Tous veillaient au grain ! Je peux te l'assurer, quand on assiste à ce genre de scène, on comprend que l'artiste n'est rien sans les autres. Nikos, l'animateur, a largement remercié et mis en valeur toute l'équipe sur le plateau ; j'ai été impressionnée par sa lucidité et sa capacité de gratitude.

Deux choses vous définissent :
votre patience quand vous n'avez rien,
votre humilité quand vous avez tout.

Cette expérience est intéressante à tous points de vue et peut être transposée au monde de l'entreprise. On voit le patron, celui qu'on félicite pour sa réussite, on pense qu'il a du succès, qu'il est *quelqu'un*. On oublie le travail des fourmis qui a permis cette réussite, on oublie également que ce même patron est lui aussi soumis à d'autres autorités : il doit rendre des comptes aux financiers qui permettent à son entreprise de vivre, il doit rendre des comptes à ses actionnaires et parfois aussi à ses enfants car il n'est pas assez présent à la maison !

Et si tu n'étais pas là ?

Je t'invite à dresser avec honnêteté la liste de ce qui se passerait si tu n'étais pas dans ton entreprise.

- Quel serait l'impact sur tes collègues ?
- Quel serait l'impact sur l'entreprise ?

Il n'y a pas de petite contribution

Un ami de la Silicon Valley m'a un jour raconté que chez SpaceX, un fabricant de fusées, quand on demandait à un ingénieur quel était son métier, il répondait : « Envoyer des gens dans l'espace. » Je n'ai jamais su s'il s'agissait d'une légende, mais je trouve intéressant, avant de penser à son métier, de s'intéresser à la mission de l'entreprise.

Une assistante administrative dans un hôpital sauve des vies, un mécanicien à la SNCF permet à des gens de se déplacer et ainsi de suite. La question vaut pour tout le monde.
Notre société et nos sociétés sont riches de nos contributions individuelles. Pour se transformer, elles ne pourront compter que sur l'ensemble d'entre nous. Dans ce raz-de-marée de l'évolution des consciences, la seule possibilité de créer un avenir bénéfique pour tous est de mettre en avant la richesse humaine et la singularité de chacun.

Une mission plus grande que soi

Je t'invite à chercher au-delà de ton poste au sein d'une entreprise et à regarder à quel projet plus grand que toi tu participes. Connais-tu la mission de ton entreprise ? Tu y participes.
Tu peux également te prêter à l'exercice pour et avec ton entourage.

La légende du colibri

Ce récit, popularisé par le philosophe Pierre Rabhi, tire son nom d'un mythe amérindien.

Un jour, dit la légende, il y eut un immense incendie de forêt. Tous les animaux terrifiés, atterrés, observaient impuissants le désastre. Seul le petit colibri s'activait, allant chercher quelques gouttes avec son bec pour les jeter sur le feu. Après un moment, le tatou, agacé par cette agitation dérisoire, lui dit : « Colibri ! Tu n'es pas fou ? Ce n'est pas avec ces gouttes d'eau que tu vas éteindre le feu ! » Et le colibri lui répondit : « Je le sais, mais je fais ma part. »

6

Redéfinir la réussite

Nous voici maintenant à mi-parcours, et nous nous sommes déjà posé quelques questions fondamentales. Quelle incidence l'éducation a-t-elle sur notre système de croyances ? Quel impact le regard des autres a-t-il sur nos choix ? Quelle influence la société a-t-elle sur notre course à la réussite ? Au fond, quelles sont nos aspirations profondes... et le regard que nous portons sur nous-mêmes nous permet-il d'y accéder ?

Il est temps de se questionner sur le sens de « réussir ». Pour ma part, la définition de ce mot a changé au fil de mon éveil. D'abord, j'ai cru que réussir, c'était recevoir un bon point de la maîtresse après avoir fait un joli dessin. Puis, j'ai cru qu'il s'agissait d'avoir un TB, un 20/20, puis c'était trouver un job, mieux ! un « bon » job. Et l'étape ultime était naturellement le trio gagnant « maison, chien, enfants ». Dans tout ça, il fallait bien sûr gagner de l'argent pour parcourir le monde ou du moins partir en vacances où bon me semblait.

J'avais joyeusement coché les premières cases avant de remettre toute ma vie en question : pouvais-je considérer que je *réussissais* ? N'étais-je pas en train de répondre aux aspirations de la société ou de mes proches ? En me documentant un peu, j'ai compris que le bonheur était (de façon très grossière, il ne s'agit pas ici d'écrire un livre sur le sujet), un certain mélange de trois composantes :

- **bonheur hédonique =** le ratio entre le nombre de faits positifs et le nombre de faits négatifs
- **bonheur cognitif =** cela peut-il répondre à mes attentes ?
- **bonheur eudémonique =** cela a-t-il du sens ?

Alors : ma réussite me rendait-elle heureuse ?

Constat : je ne suis pas heureux(se)

J'ai rencontré nombre de salariés complètement démunis face à ce constat auquel ils faisaient face : ils ne se sentaient pas heureux et, pour autant, ils ne savaient pas ce qui les rendait malheureux !

Évidemment, le bonheur durable, tout comme la réussite, ne se trouve pas dans le seul acte du travail. Il dépend de notre vie d'un point de vue global et **il nous appartient individuellement** de le définir. Plus facile à dire qu'à faire, me diras-tu. J'en conviens ! Mais au fait, qu'est-ce que c'est, pour toi, réussir ?

Réussir, c'est...

Réussir, c'est vibrer.

C'est ne pas perdre nos étincelles
d'émerveillement
face à la beauté de la Terre.

C'est nous rappeler que nos envies
matérielles sont passagères,
loin de l'essentiel.

Réussir, c'est oser.

Oser croire que le monde de demain
peut être meilleur
et tout faire pour y contribuer.

Oser être soi et non l'illusion de soi.

Réussir, c'est partager.

Partager des émotions et une énergie
pour nous rappeler
que nous ne faisons qu'un.
Partager un rêve commun pour demain.

Réussir, c'est comprendre.

Comprendre que nous avons tous
notre part de responsabilité
dans le monde que nous créons.
Comprendre que nous pouvons
choisir notre existence
et le sens qu'on veut lui donner.

Illusion de la réussite

On confond parfois la réussite avec l'illusion de la réussite. C'est d'ailleurs le piège dans lequel j'ai failli tomber quand je vivais à New York. Je me rappelle ces soirées sur les *rooftops*. Des bars branchés, hauts lieux de business, dans lesquels on n'entrait que sur invitation. Pour m'y rendre, je traversais Manhattan en Converse, et les troquais au pied du building pour des « 10 cm ». En enfilant ces escarpins, j'éprouvais toujours la même sensation, celle de jouer un rôle. Plus grande, plus droite, j'entrais alors dans le bar comme on entre sur la scène d'une pièce de théâtre dans laquelle j'allais être tout autant actrice que spectatrice.

Je regardais les autres acteurs de ces soirées. Leur rôle était inscrit sur leur carte de visite : nom, prénom, fonction. Ils s'extasiaient d'« *AMAAAAZING*[1] » surjoués dès que l'un d'entre eux mentionnait son métier. Au début, je me demandais : Se moquaient-ils ou était-ce pure hypocrisie ? Mais non. Il s'agissait bien de l'accent de l'Upper West Side et d'une capacité d'enthousiasme, que nous, Français, utilisons moins ! Au fil des mois, j'avais même réussi à l'employer.

Après seulement quelques jours sur le sol américain, grâce

1. « Fantastiiiiiique ».

à la rencontre hasardeuse d'un voisin d'avion – figure émérite new-yorkaise –, j'avais eu accès à un univers qui me permettait de découvrir une autre réalité, loin de celle à laquelle j'avais été habituée en France. Ici, pas de bottes en caoutchouc, ou alors celles tendance de la dernière collection Balmain… Je découvrais un nouveau monde, et y être conviée représentait aux yeux de beaucoup une forme de réussite. Depuis ces bars, nous surplombions la ville, regardant les passants de haut. Mais je m'interrogeais : tous ces invités triés sur le volet croyaient-ils vraiment à cette histoire ? Jouaient-ils, comme moi, la comédie ? Avaient-ils un autre rôle que celui défini par un costume à quelques milliers de dollars et un bureau en angle au cinquantième étage d'un gratte-ciel ?
Après quelques conversations, j'ai compris qu'ils n'avaient pas de Converse dans leur sac. Ce qui était pour moi une illusion correspondait à leur réalité. Cet univers me semblait superficiel, je vivais dans une sorte de *commedia dell'arte* où chacun jouait si bien son personnage qu'il l'incarnait.
Un jour, les « *you're amazing* » prononcés toutes les dix minutes ont eu raison de moi. Je ne me fondais plus dans l'illusion. Tout sonnait faux. Il me fallait accorder la mélodie de ma vie et définir mon propre système de valeurs. Pour cela, j'allais devoir mettre en pause ce monde.

Dans une partition de musique, le silence est tout aussi important que la note.

On ne peut réussir sa vie et son parcours professionnel qu'une fois que l'on a décidé d'arrêter d'y jouer un rôle. Et pris le temps de se questionner.

Distorsion entre le papier et la réalité

À chaque cursus, au sein de chaque famille, correspondent des idéaux de réussite. Étudier à l'université, obtenir le CAPES ou l'agrégation, pour certains. Aller en école de commerce, travailler dans de grandes sociétés, pour d'autres. Combien d'étudiants ont-ils vécu comme une claque l'arrivée dans le monde professionnel, découvrant une totale distorsion entre ce qu'on leur avait fait croire et la réalité du travail ? Certaines entreprises sponsorisant les fêtes sur les campus ou entretenant grâce à la publicité l'illusion qu'y travailler était la panacée créaient bien des désillusions. On se ruait vers les cabinets de consulting, découvrant parfois une réalité loin des idéaux projetés : horaires de travail de 7 heures à minuit, concurrence, hiérarchie dominatrice, travail le

week-end. Mais on acceptait. Cela devait être partout pareil.
Puis de nouveaux acteurs se sont invités : des entreprises jeunes, souvent américaines, aux ambiances de travail alléchantes, qui allaient changer le monde. Babyfoots, vacances illimitées, salariés chouchoutés. Une nouvelle forme de communication allait naître, et se répandre sur la toile. Les entreprises traditionnelles ont ainsi dû se réinventer – salles de repos, nouveaux espaces de travail, cours de yoga entre midi et deux... – et communiquer sur ces pansements sans franchement duper personne, les réseaux sociaux permettant en quelques clics d'aller demander directement à un salarié ce qu'il en était réellement à l'intérieur de la structure et s'il y faisait effectivement bon vivre.
Aujourd'hui, je peux te l'affirmer, s'il est des entreprises où il fait effectivement *globalement* mieux vivre que dans d'autres, c'est avant tout une question d'adéquation entre nos attentes et ce qu'offrent les entreprises.
La réalité est que ces (déjà plus si jeunes) start-ups géniales imposent parfois à leurs salariés de travailler par terre sur un ordinateur à cause d'une hypercroissance et de locaux devenant très vite trop petits. Si cela ne pose aucun problème à ces jeunes, cela en poserait sûrement à des cadres dirigeants issus d'une entreprise plus classique. Inversement, la hiérarchie du

monde de l'entreprise peut permettre à celui qui a davantage besoin d'encadrement d'avoir la possibilité de s'y positionner.

Aujourd'hui, nous recevons par exemple plusieurs dizaines de candidatures par mois pour travailler à l'Optimisme. Cela paraît « cool » de bosser avec nous. Je ne vais pas dire le contraire dans mon propre livre ! Je dois avouer que j'adore chaque membre de nos équipes et que je trouve chacun d'entre eux extraordinaire. En revanche, je sais que travailler chez nous demande une disposition de caractère que tout le monde n'a pas. Nous hyper-autonomisons les salariés, nous les accompagnons mais leur donnons une totale liberté et flexibilité, nous comptons sur leur propre discernement et responsabilisation. Tout le monde ne peut supporter un tel cadre. Nous avons même déjà choisi d'accompagner certains collaborateurs vers la sortie, il en allait de leur propre bien-être. Et cela n'a pas été facile ! D'une part, car nous les aimions en tant qu'individus, d'autre part, car nous n'avions pas envie de nous séparer. Mais, bien qu'ils y mettent tout leur cœur et qu'ils aiment le projet et l'équipe, vivre dans une forme d'entreprise en perpétuel mouvement leur demandait une trop grande adaptation, devenant une cause de souffrance pour eux.

Qu'on se le dise ! Il n'est pas d'entreprise parfaite, mais il est des entreprises qui nous correspondent. Réussir passe certainement par le fait de trouver celle qui nous permet de répondre à nos besoins et d'aligner nos convictions personnelles avec les valeurs de l'entreprise.

Définir ses valeurs

Il est temps de s'interroger sur ses valeurs personnelles. Dénudé de tous les a priori des précédents chapitres et des illusions de réussite, partons à l'exploration de nous-mêmes. Cette étape peut être déroutante. Il est souvent plus facile de faire l'autruche, mais c'est risquer de laisser sa vie professionnelle passer sous nos yeux et de regretter…

Je te propose dans un premier temps de questionner tes valeurs. Quelles sont-elles ? Voici une liste (non exhaustive) pour te guider.

Quelles sont mes valeurs ?

Entoure les 5 valeurs qui te paraissent les plus importantes.

Agilité – Altruisme – Ambition – Amitié – Amour – Apprentissage – Audace – Autonomie – Aventure – Bienveillance – Bonheur – Calme – Changement – Charme – Communauté – Compassion – Compétence – Compréhension – Confiance – Connaissance – Conscience – Contribution – Conviction – Convivialité – Courage – Créativité – Curiosité – Découverte – Dépassement de soi – Détente – Désir – Détermination – Dynamisme – Efficacité – Empathie – Encouragement – Engagement – Enthousiasme – Excellence – Famille – Franchise – Générosité – Gentillesse – Gratitude – Honnêteté – Humilité – Humour – Imagination – Indépendance – Intégrité – Intuition – Joie – Justice – Liberté – Lien – Modestie – Optimisme – Organisation – Originalité – Paix – Partage – Patience – Raison – Reconnaissance – Respect – Rigueur – Sagesse – Sincérité – Solidarité – Soutien – Sympathie – Tranquillité – Unité – Vérité – Vision

L'objectif n'est nullement d'entourer les valeurs qui te semblent nobles pour « faire bien »… Nous sommes ici dans l'intimité du livre. Tu as la possibilité d'être en vérité avec toi-même et d'écouter ton cœur. Aucune valeur n'est meilleure qu'une autre. Tu peux avoir pour valeur le désir ou la joie et c'est parfait, cela correspond à certains métiers !
Maintenant que tu as entouré tes valeurs principales, je t'invite à les mettre face à ton quotidien : Est-ce en cohérence avec ta vie personnelle ? Ta vie professionnelle ?

Aujourd'hui, de plus en plus de recruteurs posent la question des valeurs en entretien pour permettre au salarié d'avoir une certaine adéquation entre son métier et sa personnalité. Par exemple, la curiosité fait partie des valeurs de notre entreprise, et il s'agit de l'un des traits de caractère communs aux membres de l'équipe.
Un deuxième exercice est particulièrement intéressant pour déterminer ce que la réussite signifie vraiment pour toi : cherche qui tu admires.

Qui admire-t-on ?

- Dresse la liste des personnalités que tu admires.
- Pour chacune d'entre elles, essaie de les qualifier avec les valeurs que tu as pu trouver dans l'exercice précédent.
- Ont-elles des valeurs en commun ?

Quand j'ai réalisé cet exercice, je me suis rendu compte que j'admirais quasi systématiquement des « atypiques » qui avaient osé casser des codes et s'engager corps et âme pour une cause. Qu'ils soient freelances, salariés, responsables d'une association, entrepreneurs, il s'agissait de passionnés aux parcours improbables ayant changé de vie pour aller au bout d'une idée.
Je m'émerveillais toujours plus du parcours que de la finalité. On a souvent tendance à croire que le titre a de la valeur, mais n'est-ce pas plutôt le parcours qui en a ? Qui admire-t-on le plus ? Le patron héritier, l'ouvrier qui s'est frayé un chemin jusque tout en haut ou l'entrepreneur qui, partant de zéro, a bâti un empire ?

Admirons le parcours plus que le titre.

Un titre ne veut bien souvent plus rien dire tant les jeux de réseaux, d'écoles, de confréries sont puissants, on peut y accéder sans forcément le mériter parce que quelqu'un nous a « mis » là. En revanche, celui qu'on a vu grandir, celui qu'on a vu faire ses premiers pas, celui qu'on a vu tomber puis se relever incarne souvent la réussite. Pourquoi Steve Jobs, au demeurant plutôt antipathique, a-t-il été si souvent cité ? Pour son poste à la tête d'Apple ou pour les idées révolutionnaires qu'il a réussi à concrétiser ? De même Bill Gates : il n'est pas seulement admiré pour son empire financier, il l'est aussi pour sa capacité à investir dans des causes humanitaires. Auraient-ils été libres de tant de créativité s'ils étaient « rentrés dans le moule » ? Non ! Ils ont su déjouer les rituels de notre société, ont transgressé le système, et n'ont pas suivi la voie générale.

Réussir, c'est aussi être capable d'arpenter le bon chemin *pour soi*. Il n'y a pas d'âge pour se questionner. Il est simplement important de le faire un jour, même si les questions risquent parfois de nous mettre face au constat qu'il est temps de changer la direction de notre parcours de vie. À l'inverse, il est aussi possible

qu'on se rende compte que, finalement, notre job, bien qu'imparfait, est plutôt en phase avec nos valeurs.
Si je parle ici de la vie professionnelle, il en est de même pour la vie personnelle. « Suis-je vraiment fait pour être avec lui/elle ? Nos valeurs sont-elles compatibles ? Et mes amis, sont-ils eux aussi en phase avec mes valeurs ? » Un de mes grands principes est la simplicité, tu comprends maintenant pourquoi je ne pouvais logiquement pas me sentir bien dans ces soirées new-yorkaises…

Les autres ne vivent pas ta vie,
nul ne sait ce qui se cache
au fond de ton cœur.

La réussite consiste, entre autres, à plonger en soi et à connaître ses valeurs personnelles pour tenter de s'adapter au mieux à son environnement.
Toi seul es en mesure de savoir ce qui est bon pour toi, personne ne vit le même parcours intérieur. **Laisser seulement l'extérieur conditionner tes choix peut t'éloigner de ta réussite personnelle.** Bien sûr, écouter les conseils de ton entourage peut se révéler utile, mais un questionnement reste individuel, voire intime : ni

ton boss, ni ta famille, ni tes amis ne pourront t'apporter la *vraie* réponse à cette question de la réussite.
Je sais ce que cela coûte de changer de voie et de vie, ne te flagelle pas de ne pas y parvenir, ce n'est pas facile et l'extrême majorité d'entre nous n'ose pas se lancer. On peut réajuster progressivement ses missions au travail avec ses valeurs. Je sais que mon premier livre a poussé plus d'un lecteur à un changement de vie radical, mais ce n'est pas forcément ce que je prône. Je mets simplement en relief que parcours individuel et parcours collectif s'entremêlent. *De facto*, une entreprise pourra mettre en place les meilleures pratiques possible, elles ne seront jamais en phase avec les valeurs de tous ses salariés. Le bonheur n'appartient pas à l'entreprise, il appartient à soi-même.

Se questionner,
c'est faire face à soi-même.

Voilà pourquoi tu risques de te sentir parfois bien seul avec tes questions. S'engager sur ce chemin, c'est explorer son intimité intellectuelle et émotionnelle, régulièrement secouée quand elle mesure ses limites ou découvre ses forces. Parce que c'est aussi de ça qu'il s'agit : se savoir capable.

7

Se savoir capable

« Je ne m'en sens pas capable ! » Si j'ai intitulé mon premier livre *Osez l'optimisme*, c'est entre autres parce que j'en avais assez d'entendre cette phrase. Je me trouvais démunie face à toutes ces personnes qui, à mes yeux, étaient extraordinaires et n'osaient pourtant pas se lancer.

C'est un fait : on manque de confiance en soi. En posant simplement la question lors d'un sondage Instagram, sur plus de 2000 votants, 60 % ont répondu ne pas avoir confiance en eux ! Il faut dire qu'au fil des années, nous avons rarement l'occasion de développer cet atout qui peut pourtant se révéler bien utile.

Constat : on m'infantilise, on ne me fait pas confiance

Il n'est pas rare de se sentir infantilisé au travail. Sous couvert de règles « pour tous », l'entreprise, pour se prémunir face à d'éventuels risques, écrit des procédures pour tout. Et l'employé de voir de nouvelles règles arriver dans sa boîte mail qu'il estime s'adresser plus à des enfants qu'à des salariés, comme s'il n'était pas capable de faire preuve de sens commun. Il est bien

sûr normal de poser un cadre pour qu'une entreprise fonctionne. Mais en imposant des décisions prises par une poignée de « spécialistes », on plonge un peu plus encore dans la déresponsabilisation individuelle, et le sentiment d'impuissance du salarié augmente.
Tu n'imagines pas tout ce que j'ai vu dans ce domaine. J'ai été étonnée de découvrir combien il existait encore d'entreprises au sein desquelles les managers vérifient que l'équipe est bien installée à son poste. Un ami en cabinet de conseil me racontait que certains managers contrôlaient même les horaires de leurs équipes, alors qu'en tant que consultants, ils étaient régulièrement en rendez-vous à l'extérieur. Et de s'amuser de la façon dont ils contournaient la chose. « Comme on recrute des gens pas trop cons, ils viennent le matin avec deux manteaux, posent à 17 heures un café chaud sur leur bureau et s'en vont, laissant ainsi croire qu'ils sont en réunion. » Un des plus grands cabinets de conseil au monde, une véritable cour de récréation !
Un des piliers du bien-être en entreprise est l'autonomie ; à travers cet exemple, on semble en être loin... À vrai dire, cet « asservissement » quelque peu archaïque trouve son socle dans la révolution managériale et dans la rationalisation scientifique proposée par Taylor à la fin du XIXe siècle puis par Bentham, qui suggérait quant à lui une rationalisation déshumanisante des salariés.

Tu as de la valeur,
ne laisse pas
l'incapacité
de quelqu'un
à la voir t'en
faire douter.

Il fallait alors de la main-d'œuvre pour produire et on allait l'optimiser. Pour la petite anecdote, le fait de surveiller sans être vu tire son idée des modèles panoptiques des prisons, les surveillants ayant, depuis un poste de contrôle, la possibilité de voir les prisonniers en toute discrétion… Comment gagner (ou regagner) individuellement en confiance en soi dans une société qui ne nous fait pas confiance ?

La puissance de l'apprentissage

Nous vivons une époque formidable ! Le savoir est disponible pour tout le monde grâce à Internet qui nous offre la possibilité de tout apprendre. J'en suis la preuve ! La quasi-intégralité de mon entreprise a été possible grâce à un doux mélange de vidéos YouTube, de livres et de rencontres. Leur point commun : tout cela est gratuit (tu as peut-être entre tes mains mon livre, mais il peut provenir d'une bibliothèque). Si nous avons la patience d'apprendre, nous sommes capables des plus grandes réussites.

Nous avons tous été, un jour, un débutant.

Je vais partager avec toi l'anecdote qui a enraciné cette conviction en moi, qui m'a permis de comprendre que les sources d'apprentissage sont partout et que tout est possible.

Adolescente, alors que je m'ennuyais incroyablement à l'école, j'étais fan d'un groupe de musique allemand. Mes parents s'en affolaient. Il faut dire que voir leur fille passer ses journées devant un ordinateur à traquer un groupe de musique avait de quoi les effrayer. C'était, pour eux, du temps que je ne donnais pas à l'apprentissage scolaire et ma passion était, admettons-le, un brin futile.

Mais cette idolâtrie (j'ose le mot !) grotesque et obsédante pour ces chanteurs m'a donné le bagage qui m'est le plus utile aujourd'hui. Pour parvenir à mes fins (à s'avoir les rencontrer), j'ai dû apprendre l'allemand et l'anglais, qui ne m'avaient jusque-là pas franchement passionnée en classe. Un brin obstinée quand une cause me tient à cœur, j'ai développé à cette époque mon premier site internet. Rappelons qu'il s'agit d'une ère pas si lointaine où, pour surfer sur le web, on payait à la minute et où l'on monopolisait le téléphone familial. À l'époque, il fallait coder en php, je ne sais même pas comment j'ai fait et serais aujourd'hui bien incapable de recommencer. En grandissant, j'ai commencé à voyager pour me rendre à leurs concerts, atterrissant tantôt chez des punks allemands, tantôt chez des postiers suisses. Moi qui n'avais jamais voyagé au-delà de ma Normandie natale, je découvrais le monde. J'ai compris ce qu'était la solidarité autour d'une cause, découvert la mixité en matière d'âges, de classes sociales, de cultures. Et il fallait une passion hors de mon quotidien pour que je m'en rende compte. J'avais en quelque sorte, déjà à l'époque, cassé mon algorithme social !

Bien sûr, il y a eu quelques dommages collatéraux. Je perdais quelques points à mes contrôles, j'avais quelques heures de sommeil en retard et je gagnais quelques boutons sur le visage, faute de soleil. De l'extérieur, cette passion était néfaste. En réalité, ce « passe-temps » d'ado a posé les fondements de ma personnalité : de la capacité à m'affranchir des normes à celle d'aller au bout d'une idée, j'ai découvert tout ce dont j'étais capable. J'ai d'ailleurs fini par les rencontrer et devenir amie avec eux, mais ça, c'est une autre histoire…

L'apprentissage est partout.

J'avais relégué aux oubliettes cette période de ma vie. Il faut dire que pendant des années, j'en ai eu honte. Si je m'étais fondamentalement amusée, ce parcours de fan un brin attardée n'était pas très glorieux ! C'est pourtant la première chose dont j'ai parlé à celui qui est devenu mon mentor depuis. Là se trouvaient les prémices de l'optimisme : une cause à partager, du lien à créer et la conviction que tout était possible. J'avais simplement choisi une passion de mon âge… !

Flashback

Je t'invite à te prêter à l'exercice : quelles ont été tes passions au fil des ans ? Affranchis-toi du regard que tu portes sur toi-même et réponds à cette question : Que t'ont-elles enseigné ?
C'est parfois seulement des années plus tard que nous comprenons les enseignements tirés, les compétences acquises, les obstacles surmontés.

Tu n'es pas seulement riche de tes réussites dans le milieu professionnel, tu es riche de toutes tes expériences de vie. Il est important de savoir les voir, mais aussi de les assumer pour se sentir capable de construire son propre parcours professionnel.

Syndrome de l'imposteur

J'en arrive naturellement à évoquer ce problème encore trop méconnu : le syndrome de l'imposteur. Couplé à une hiérarchie infantilisante, il peut plonger le salarié dans un déficit de confiance en lui toujours plus grand. As-tu déjà entendu parler de ce syndrome ? Wikipédia donne pour définition « une forme de doute maladif qui consiste essentiellement à nier la propriété de tout accomplissement personnel ». En soi, il s'agit de « rejeter systématiquement le mérite lié à son travail et attribuer le succès de son entreprise à des éléments extérieurs ». « J'ai eu de la chance », « J'ai rencontré les bonnes personnes au bon moment », « J'ai eu un bon manager ». As-tu déjà prononcé ces mots ? Pour ma part, depuis toujours, sans savoir que je « souffrais de ce mal »... pour ainsi dire. C'est un ami qui m'a dit un jour : « Si t'étais un mec, avec ce que tu as fait, cela ferait longtemps que tu communiquerais à outrance sur tes références. Tu es victime du syndrome de l'imposteur. » Je n'en avais jamais entendu parler jusque-là !

La suite de la définition m'a encore plus interpellée : « Ces personnes se perçoivent souvent comme des dupeurs nés qui abusent leurs collègues, leurs amis, leurs supérieurs, et s'attendent à être démasqués d'un jour à l'autre. » Ce fameux « on va se rendre compte

que si j'en suis là, c'est simplement parce que j'ai eu de la chance »... Cela te parle-t-il ?
Passablement étonnée, j'ai alors creusé en interrogeant quelques « célébrités » dont personne ne pouvait nier la carrière et le talent. Certaines en étaient complètement atteintes ! Bien qu'ayant une voix incroyable, elles étaient convaincues qu'elles avaient simplement rencontré le bon manager et que, très vite, on se rendrait compte de leur peu de talent. Incroyable !
Il s'agit en fait d'un mal plus répandu qu'on ne le pense. L'évoquant dans un article sur LinkedIn, j'ai reçu des dizaines de témoignages de salariés à de hauts postes me confiant penser un jour être démasqués.

« Certains sont jugés grands parce qu'on mesure aussi le piédestal. »
Sénèque

Parle-t-on suffisamment de ce syndrome dans l'entreprise ? Non. D'autant qu'il est difficile à détecter. Bien sûr, il est du rôle du manager de savoir valoriser et remercier chacun pour la mission qu'il a menée dans l'entreprise. Mais on aura beau le faire, la victime de ce syndrome aura du mal à « sortir du buisson ».

D'autant qu'avec un tel syndrome, on peut manquer bien des opportunités ! Si Ève, du haut de ses 21 ans, n'avait pas été là quand Michel Lafon m'a appelée pour écrire mon premier livre, je n'aurais jamais pris l'avion pour me rendre au rendez-vous. « Moi, écrire un livre ? Mais enfin, qui suis-je pour écrire un livre ? » Si Olivier et Monika ne m'avaient pas poussée à accepter les propositions de conférences, je n'aurais jamais osé me lancer. Aujourd'hui, j'en ai une centaine à mon actif, qui je l'espère, ont eu un impact positif sur les participants.

Assumer être atteint de ce syndrome n'est pas chose aisée, mais c'est un premier pas vers la confiance en soi. C'est, entre autres, la bienveillance de ceux qui nous entourent qui permet d'en sortir et d'oser se sentir capable de créer un parcours à son image.

Les gens intelligents
sont pleins de doutes.
Enfin, je crois...

Ne minimise pas
ta réussite !
C'est grâce à toi !

Ne pas se minimiser

Je t'invite à observer attentivement tes paroles.
Tes mots te minimisent-ils ?
Observe aussi tes collègues : quels sont ceux qui attribuent toujours le succès aux autres ou à la chance ?
Parle-leur de ce syndrome, dis-leur qu'ils sont responsables de leur propre réussite. Cela peut leur donner des ailes !

Je sais qu'il est difficile de sortir du bois et que tu n'oses peut-être pas le faire. Maintenant que nous nous connaissons mieux et que je t'ai confié en avoir moi-même été victime, je t'invite à m'envoyer un e-mail, une lettre, un message sur les réseaux sociaux pour me dire tout ce que tu as réussi dans la vie. N'aie pas peur : de toi à moi, il n'y a aucun jugement et je serais heureuse de savoir qu'enfin, tu valorises ton parcours. Que ce soit aujourd'hui, dans dix jours, dans dix mois, un lundi matin, un dimanche soir, voici mon adresse : catherine@loptimisme.com ou sur LinkedIn, Instagram, Twitter, Facebook : Catherine Testa. Ce sera un bon exercice.

Le monde du travail identifie difficilement tous ceux qui souffrent de ce syndrome et nul ne peut changer d'un claquement de doigts le fonctionnement « déresponsabilisant » mis en place depuis des années dans son entreprise. En revanche, chacun peut apprendre à identifier ses forces. Cela impose de sortir du syndrome de l'imposteur, mais aussi de ne pas confondre ses capacités réelles avec celles demandées par sa hiérarchie. Nous n'utilisons pas nos pleines ressources dans le cadre du travail, à nous de révéler celles qui dorment en nous.

Faire un petit pas

Si je suis certaine d'une chose, c'est que **nous sommes tous infiniment puissants**. Nous avons tous la possibilité de participer au changement du monde. Cette phrase peut te paraître un brin mégalo. Mais je te l'assure : toi, moi, ton voisin, mon voisin, nous avons tous individuellement la possibilité de faire évoluer les choses. Hélas, nous ne mesurons nos forces qu'en nous jetant à l'eau, ce que notre déficit de confiance nous empêche souvent de faire.

Pourtant, notre société, notre planète crèvent qu'on n'ose pas se lancer, qu'on s'excuse d'exister et de « ne pas être grand-chose », comme évoqué plus tôt. « Effectivement,

cette idée à mettre en place dans notre entreprise pour améliorer le bien-être de tous paraît bonne, mais pourquoi moi ? Et puis, tout le monde va me dire non. » « Et ce concept pour limiter la pollution pourrait se révéler innovant, mais pourquoi ce serait à moi d'agir ? »
On ne peut pas seulement demander plus d'autonomie à son entreprise, on doit l'acquérir et en devenir responsable ! Cela impose d'oser faire le premier pas. Quand j'étais salariée, dans ma précédente entreprise, ma collègue et moi avons pris plusieurs initiatives sans en parler à notre patron, dont carrément changer les prix de certains produits – nous ne les trouvions pas justes et trop difficiles à justifier. Nous savions qu'en demandant son autorisation, nous aurions essuyé un refus. Je me souviens encore du jour où il s'en est rendu compte. Cette nuit-là, j'avais fait une insomnie et reçu en direct, à 4 heures du matin, un e-mail de sa part nous disant combien nous avions trahi sa confiance. Je n'en menais pas large en arrivant au travail ! Il avait raison. Mais il était intelligent, et a compris que nous avions agi pour aller dans son sens parce que cela nous semblait juste et que nous tenions à l'entreprise. Nous avions pris un risque qui fut bénéfique : au fil des années, il nous a fait de plus en plus confiance et nous avons gagné en autonomie ! Quand on parle de confiance, celle-ci va dans les deux sens.

Parfois, mieux vaut demander pardon que demander la permission.

Bien sûr, j'ai conscience que cette prise de risque n'est pas possible partout et qu'elle tient aussi à l'intelligence d'un homme. Pourtant, quand nous osons, nous découvrons que nous sommes capables de bien plus que ce que l'on imaginait. En découvrant notre propre puissance, nous sortons en quelque sorte de cette aliénation au diktat hégémonique de l'entreprise. Nous devenons un être affranchi et créateur.

Tu es puissant.

J'espère qu'à travers les pages de ce livre, tu en prends progressivement conscience. Commence à agir, pour toi et pour les autres. Dans ton entreprise et à l'extérieur. Ôte de ton esprit que tu n'en es pas capable. Ne t'attends pas à réussir du premier coup. Quel que soit le domaine, il existe une courbe d'apprentissage : les plus grands experts ont tous un jour été débutants et cette courbe évolue, nous nous améliorons chaque jour.
Quelle que soit la trajectoire que tu veux donner à ton

parcours, sache une chose : tu en es capable. Je n'avais pas appris à l'école à créer une entreprise, à modeler un *business plan*, pas plus que je n'avais appris à créer un site web. Mais j'ai réussi, parce que j'ai accepté cette notion d'apprentissage. J'ai aussi accepté de ne pas savoir et de me mettre en danger en cherchant l'autonomie. Enfin, j'ai osé assumer certaines compétences acquises au fil de la vie et de mes expériences professionnelles.

Notre métier est riche d'apprentissages

Qu'as-tu appris grâce à ton entreprise ?

- À composer avec des personnalités différentes ?
- La résilience ?
- À diriger une équipe ?
- À repousser tes limites ? Si oui, lesquelles ?

Tu peux compléter cette liste avec les apprentissages faits dans tes entreprises passées.

Au-delà des compétences traditionnelles et avant tout rejet radical, il est nécessaire d'observer avec lucidité ce que notre entreprise nous a transmis. En valorisant son apport global à notre parcours et en identifiant les zones d'apprentissage qui nous ont fait grandir, nous prenons confiance en nos capacités. Même la pire des entreprises, même le pire des enseignements peut nous avoir transmis des compétences dont nous ne pensions pas disposer.

Au lieu de réfléchir aux meilleures entreprises où travailler, on pourrait réfléchir aux meilleures entreprises pour grandir.

Notre entreprise nous accueille une bonne partie de la journée. Nous y grandissons, elle nous enseigne sur nous-mêmes et sur les autres ; notre parcours est ainsi fonction de nos collègues, de nos managers et ça, c'est parfois la loterie.

Il n'y a pas de hasard,
un parcours professionnel
est une somme de chapitres qui finiront
par prendre tout leur sens.

Pour ma part, je me suis interrogée sur le pourquoi de mon parcours de chimiste. En l'occurrence, j'y ai appris la rigueur et compris qu'elle ne m'amusait pas, j'ai découvert le vaste monde de la physique quantique qui est aujourd'hui l'une de mes passions, j'y ai rencontré l'un de mes meilleurs amis qui m'a fait découvrir la culture latino-américaine, je suis aujourd'hui en mesure de comprendre les enjeux scientifiques réels du dérèglement climatique et ainsi de suite… J'aurais pu simplement rejeter ces années que je n'ai pas du tout appréciées. Il est plus utile de valoriser tous ces apprentissages qui me constituent aujourd'hui et je t'invite à faire de même.

Capitalise et sublime tes expériences,
tu n'en seras que plus puissant
intérieurement.

8

Dépasser ses peurs

Bloqués dans des process qui nous empêchent d'ouvrir la porte vers l'exploration et l'acceptation du changement, nous n'osons par regarder de façon objective notre présent et notre futur. Cela nous fait peur.
Ah, la peur... Cette émotion qui accompagne la prise de conscience de ce que l'on estime être un danger. Peur du changement (qui entraîne une perte de repères), peur des nouvelles rencontres (qui sont ces gens que je ne connais pas ?), peur de l'échec (que va-t-il m'arriver si... ?), **nos peurs peuvent devenir si nombreuses que le plus simple consiste à éviter qu'elles surviennent**. Comment ? En ne nous mettant pas en danger. Il est préférable de rester dans nos habitudes de vie, et tant pis si la situation que nous vivons ne nous convient clairement pas ! Au moins, elle, nous la connaissons.
Hélas, personne ne peut espérer construire un parcours de vie à son image sans oser aller au-delà de ses peurs.

Constat : j'ai peur, car je me sens en insécurité

Le besoin de sécurité est inhérent à tout être humain et, très vite, le sentiment d'instabilité du monde du travail

peut faire naître en nous de l'anxiété, de l'inquiétude, de la peur. Mais qui peut dire de quoi demain sera fait ? Personne.
Nous subissons tous l'accélération du temps et les virages brusques qui s'imposent à nous et à nos entreprises. Soudainement, une nouvelle technologie remet en cause une industrie qui se voit déstabilisée. J'évoquais précédemment l'interchangeabilité, certains d'entre nous le seront même avec des machines, quand ce n'est pas déjà le cas !
Nous vivons dans un monde qui bouge en permanence et qui s'accélère toujours plus, et ton entreprise, comme toutes les autres, doit sans cesse s'adapter, au risque de disparaître, dépassée par ses concurrents plus modernes. **Étant elles-mêmes en mouvement, les sociétés ne peuvent plus offrir un cadre fixe à leurs salariés.** Or, il n'y a rien de plus angoissant que l'insécurité pour quelqu'un dont le travail fait vivre sa famille.
Dès lors – sujet si souvent oublié des études sur le bonheur au travail –, comment faire face à nos multiples peurs et à l'insécurité de demain ?

La peur du changement

Nous n'avons pas tous les mêmes prédispositions face au changement. Celles-ci s'installent au fil des ans et dépendent, là encore, de notre parcours, de notre éducation et de notre entourage. Certains, dans un excès d'anticipation, vont plonger dans l'angoisse et développer une véritable aversion au changement quand d'autres vont savoir le « piloter ».

Comment apprendre à y faire face ? En l'expérimentant. Plus on accueille le changement, plus on change, et plus on a en nous la capacité d'adaptation nécessaire. Généralement, nous suivons le cours de notre quotidien par habitude. Nous empruntons chaque jour le même chemin pour aller travailler, nous déjeunons à la même heure avec les mêmes collègues, et nous acceptons toutes les règles (parfois non dites) de notre entreprise comme ne pas partir avant 19 heures pour ne pas paraître tire-au-flanc. Cette routine nous protège et nous rassure. Mais ce mode automatique laisse peu de place à l'expérimentation du changement. Si bien que dès qu'un événement « anormal » survient, nous paniquons et encourons le risque d'avoir des difficultés à le gérer. Pourtant, même si on pense ne pas avoir en nous les ressources pour nous adapter, nous les possédons !

Et si nous vivions moins avec nos habitudes et plus avec nos intentions ?

Cette semaine, alors que l'écriture du livre touche presque à sa fin, je me suis fait voler iPad et portefeuille à mon bureau. En partageant l'histoire sur Instagram, tout le monde a été surpris de mon « peu de réactions ». Certes, ce fait impromptu me mettait dans une situation ennuyeuse. Mon iPad étant mon outil principal, je venais de perdre des dizaines d'heures de travail, et j'allais devoir réorganiser mon quotidien. J'aurais pu stresser, m'en agacer, fustiger les voleurs, mais j'ai refusé de porter mon regard sur cet événement. L'énergie est précieuse : plus j'allais m'agacer, plus j'allais en perdre. C'était ainsi, j'allais devoir m'adapter. Certes, j'ai dû passer un bon moment au commissariat, mais j'ai joyeusement accueilli ce changement d'emploi du temps et ce grain venu se positionner dans le roulement de ma machine. Il allait forcément être riche d'apprentissages. Ce fut le cas. Moi, la phobique de la paperasse administrative, j'ai découvert qu'on pouvait faire la quasi-intégralité des démarches en ligne et que ce n'était finalement pas si compliqué !

Les changements soudains nous font peur et nous essayons de les repousser, même s'ils ont déjà eu lieu, et aussi non négociables soient-ils ! On râle de ce changement de bureau qu'on nous impose. On boude son patron qui modifie notre mission à la dernière minute. Et on s'agace et on perd son énergie... Stoppons l'hémorragie ! Notre énergie est le bien le plus précieux. Nous en avons besoin pour créer la suite de notre parcours, pas pour regarder en arrière et se lamenter.

Quand tu entres dans une pièce,
ton énergie t'introduit avant toi !

C'est souvent bien des années plus tard que l'on comprend pourquoi un événement est survenu. Ce changement de mission qui t'a tant agacé à l'époque t'a par exemple permis de rencontrer cet ami qui t'a incité à t'intéresser à tel sujet, etc.

Les aspects positifs d'un changement

Pour contrer cette angoisse relative au changement, celle qui te prend de l'énergie, je te propose un exercice visant à analyser trois changements impromptus auxquels tu as dû faire face.

Pour chaque événement, je t'invite à noter les qualités et compétences que tu as dû mettre en place pour les outrepasser, puis à en identifier les effets bénéfiques. Pour modifier notre approche et lutter contre notre aversion au changement, il est en effet important de le célébrer pour marquer ses effets positifs sur notre vie.

Tu peux redessiner ce tableau sur un papier libre, afin d'avoir de la place pour écrire ou te prêter à l'exercice mentalement.

	Situation	*Capacités mises en place*	*Aspect positif lié à ce changement*
Changement 1			

	Situation	*Capacités mises en place*	*Aspect positif lié à ce changement*
Changement 2			
Changement 3			

Il faut en permanence se prêter à un équilibre complexe : anticiper notre futur à long terme et être flexible à court terme. Le changement, la perte d'un emploi, ou encore un manager toxique, peuvent ouvrir la voie à un autre chemin de vie extraordinaire.
Si un tel changement est bien sûr légitimement angoissant, on m'a plus d'une fois confié que sans lui, sans sa brutalité, on n'aurait pas osé se lancer, bercé par le ronron du quotidien.

Arrête d'attendre…
… le vendredi
… l'été
… les gens
… de tomber amoureux

Le bonheur
arrive lorsque
tu arrêtes d'attendre,
et quand tu vis
le moment présent.

La peur des rencontres

Le changement s'impose aussi parfois dans notre entourage. Les amitiés évoluent, pourtant par fidélité, par nostalgie ou simplement par peur du changement, nous restons accrochés à des souvenirs passés et favorisons un certain entourage. « Certes, ils ne me comprennent pas, certes, ils me rabaissent, mais au moins, je les connais et je sais les gérer. » Même combat dans le milieu du travail. Une entreprise peut compter des milliers de salariés, on continue de prendre ses pauses café avec Charles qui pourtant nous fait toujours cette petite remarque désagréable, et on focalise toute son énergie sur son manager qui lui, vraiment, est agaçant. OK, mais tous les autres ? C'est à cause de cette peur du changement que nous n'allons pas à leur rencontre. **Partout, il y a des gens qui nous correspondent si nous osons nous présenter à eux.** Alors bien sûr, il est possible qu'on n'ait pas franchement le choix. Chaque jour, nous partageons notre bureau avec ce collègue qui grogne à longueur de journée et pour qui rien ne va jamais : il finit par déteindre sur nous. On oublie souvent cette composante fondamentale dans le « bonheur en entreprise ». Jolis bureaux, travail intéressant, collègues sympas... et ce collègue. À lui seul, il pourrit notre univers et nos journées. Car il faut oser dire les choses, si nous n'avons pas appris

à nous en protéger et si personne ne nous aide à nous en sortir, une relation toxique et notre vie au travail (ou à l'extérieur) peut devenir un enfer.
On peut au moins apprendre à mettre une barrière d'imperméabilité. Une amie côtoyant au quotidien un collègue toxique me disait avoir imaginé une « bulle de protection » autour d'elle, et une autre un mur bleu ! Un autre ami, face à un voisin de bureau grincheux, avait décidé, pour chaque « râlerie » de sa part sur son entreprise, de trouver au moins trois faits positifs sur le quotidien. Il est passé d'une vision de son travail absolument catastrophique à une vision bien moins sinistre.

Être soi dans l'entreprise passe aussi par la minimisation de l'impact qu'ont les autres sur notre propre jugement.

Pour ma part, je suis une introvertie et une hypersensible (vivant aujourd'hui dans la peau d'une extravertie). J'ai toujours été une éponge à émotions. Longtemps, j'ai été conciliante avec mes collègues ou avec mon entourage. J'encaissais et n'envisageais pas de simplement dire stop ou de changer mon cercle proche.

Il faut s'entourer de ceux qui nous permettent de grandir.

Depuis, tout a changé. J'ai rencontré plus de personnes ces trois dernières années que pendant les trente-trois premières années de ma vie. Il faut dire que je suis d'un naturel plutôt timide et que, comme beaucoup d'adultes, j'avais gardé ce « ne parle pas aux inconnus ! » répété durant mon enfance. Confinée à mon cercle d'amis, de collègues et de famille proche, je voguais dans un univers stable, ne m'imposant pas vraiment de questions existentielles.
Ma nouvelle vie m'a obligée à m'ouvrir aux autres et m'a permis de découvrir la diversité. De cet homme souffrant de la maladie de Charcot aux salariés, des retraités aux étudiants en passant par des stars de télévision que j'avais rangées dans la catégorie « débiles » du fait de leur personnage télévisuel, j'ai découvert que les rencontres étaient de véritables trésors et qu'au-delà du personnage qu'ils incarnaient, il y avait en chacun des émotions et de la sensibilité.
Presque chaque fois, mes croyances étaient balayées, j'avais préjugé. Dans l'accueil des rencontres, on découvre la magie du monde. On comprend que chacun est extraordinaire et a quelque chose à nous apprendre ; mieux,

on se découvre dans l'autre. Ces rencontres peuvent avoir lieu dans toutes les sphères de notre monde, même au travail… Parce qu'une entreprise, à l'instar d'une ville, est une microsociété : s'y côtoient des personnalités différentes, des tempéraments différents, des énergies différentes, et c'est cette somme d'individus aux talents divers qui fait sa force. Alors, osons les rencontres !

Regardons le monde

Fais la liste des dernières personnes que tu as rencontrées récemment. Que t'ont-elles apporté ?

Chaque semaine, tente de parler vraiment avec quelqu'un que tu ne connais pas : passager dans les transports, cuisinière dans ton entreprise, collègue du deuxième étage…
En ouvrant la porte aux rencontres, on ouvre la porte à soi-même.

Nous sommes
la moyenne
des 5 personnes
les plus proches
de nous.

La peur de l'échec

Nous ne savons nous projeter dans l'avenir que si l'on sait que l'on peut en être acteur. C'est pourquoi la confiance en soi est primordiale pour construire son parcours professionnel.
Tu as peut-être des rêves enfouis qui te semblent aujourd'hui irréalisables. J'ai envie de partager avec toi la citation qu'un ami m'a dite cet été :

Vous surestimez souvent
ce que vous pouvez faire en un an,
mais vous sous-estimez
ce que vous pouvez faire en 10 !

La peur tue plus de rêves que l'échec et ne nous incite pas à innover. Souvent, on me demande des astuces pour maîtriser ses peurs. Je donne celle que j'ai appliquée au lancement de mon projet. Quand j'ai changé de voie, je n'ai pas cherché à réussir, mais à *essayer* de réussir. La nuance tient à ce mot : essayer. Ainsi, j'ai n'ai pas dit à mon entourage que je fondais une entreprise, j'ai simplement annoncé : « Je vais voir si un site d'actualités positives peut fonctionner dans la société française. » Dès lors, il n'y avait pas d'échec possible. Soit je validais, soit j'invalidais mon scénario.

Petit exercice barrière à la peur : soit je valide, soit j'invalide.

Je t'invite à écrire tous tes projets à l'aide de cette astuce et de les partager avec ton entourage.
Par exemple :

- ***Je veux changer ma façon de diriger mon équipe.***

=> Je vais proposer de nouvelles initiatives, soit l'équipe va y adhérer, soit elle n'y adhérera pas. Je validerai ou non cette initiative.

- ***Je fais de la peinture et souhaite commercialiser mes toiles.***

=> Je vais créer mon site e-commerce pour vendre mes toiles, soit cela plaît, soit cela ne plaît pas. Je validerai ou non mon idée.

- ***Je veux être freelance.***

=> Je vais me lancer en tant qu'indépendant, tester mes capacités à vivre de mes talents et à trouver des clients. Je validerai ou invaliderai ce mode de travail pour moi.

Cette simple nuance permet de court-circuiter ton cerveau et les remarques de l'entourage. Mon idée ne fonctionne pas ? Et alors, je n'ai pas dit que j'allais réussir, j'ai dit que j'allais voir ***si cela pouvait marcher*** !

Souvent, on me demande si j'ai peur pour mon entreprise. Maintenant qu'elle est bâtie, ai-je peur qu'elle disparaisse ? En fait, cela ne m'effraie pas. Bien sûr, je serais embêtée si tel était le cas. J'aime l'équipe que nous avons constituée, j'aime les personnes avec qui nous la construisons et j'ai confiance en notre mission et en nos valeurs. Mais je sais que le succès global d'une mission ne se mesure pas à court terme ou au bilan financier d'une entreprise. Il se mesure à l'impact, aux émotions partagées avec les salariés et à la joie de tous de venir travailler le matin. Et ça, c'est déjà un succès. Si j'avais laissé ma peur prendre le dessus, tout cela n'existerait pas ! Alors, prenons le risque, ou plutôt… saisissons notre chance !

La peur de l'échec ne doit pas nous laisser mettre nos aspirations de côté.

Oser dire non

Accueillir les changements, les rencontres, l'échec, les peurs qu'il nous faut surpasser et accepter une forme d'instabilité ne veut pas dire tout accepter pour autant. Je discutais récemment avec une salariée d'une grande banque. Elle sortait de trois jours de séminaire sur la gestion du changement. Son quotidien ? Accueillir les clients professionnels dans une agence sur le territoire, leur accorder des emprunts pour leur permettre de faire tourner leur petite entreprise et parfois enfiler des bottes pour aller visiter des exploitations. Un métier proche du terrain, un sens du service et une relation particulière avec les clients. En somme, un métier de lien. Sortie de ces trois jours de formation, elle était arrivée à la conclusion suivante : « En gros, on nous a gavés pour faire passer la pilule des changements dans les mois à venir. » La suite a montré qu'elle avait vu juste : moins de rencontres, plus de contacts par e-mails, davantage de produits à vendre. On allait optimiser son temps, quitte à détruire ce qui faisait sa valeur ajoutée. Et effectivement, malheureusement, une entreprise peut utiliser cette notion de « changement » pour annoncer des bouleversements parfois un peu durs à avaler…

J'en appelle ainsi à ton discernement. Capitalise sur cet accueil du changement, mais pour autant, ne dis pas oui à tout ! Certains d'entre nous ont cette fâcheuse tendance…

Nous avons, face à un choix qui s'impose à nous, toujours la possibilité de dire non. Bien sûr, cette option comporte des risques (ne pas être promu, être mal vu, voire être limogé). À nous de définir le risque acceptable à prendre dans une telle situation.

Il n'existe jamais de bon ou de mauvais choix, pas plus qu'il n'existe de décision plus noble qu'une autre. À chaque croisement que nous rencontrons durant notre vie, nous décidons simplement de prendre un chemin plutôt qu'un autre.

Individuellement, nous répondons oui ou non à une proposition de poste, nous décidons ou non de rester dans notre entreprise, nous acceptons ou non de nous conformer au moule. Quel que soit le choix que l'on fait, il faut renoncer à l'autre. Il est temps, une bonne fois pour toutes, de sortir de ce schéma binaire qui consiste à penser qu'un choix est « bien » ou « pas bien ». Il s'agit simplement d'un choix.

Il n'est pas « bien » de quitter un CDI, cela « ne fait pas bien » d'être entrepreneur, pas plus qu'il n'est « mal » de vouloir faire carrière dans une société traditionnelle ou que cela « ne fait pas bien » de rester salarié. Il s'agit de choix de vie, qui dessinent au mieux la trajectoire d'une personne.

Comme un compositeur,
nous dessinons notre parcours de vie.
Nous pouvons choisir
une musique lente ou rapide,
y mettre des silences,
en changer le rythme.
Il faut simplement que la mélodie
nous corresponde.

Prenons mon exemple. Ai-je réussi ? Tout dépend du référentiel. Pour quelqu'un qui pense que réussir, c'est posséder une Rolex et rouler en Ferrari, non. Par contre, aux yeux de celui qui aime les prises de risque, là, je suis plutôt bien ! L'important est avant tout d'être en paix avec soi-même et d'accepter que nos envies ne soient pas linéaires. Il faut faire des choix pour éviter par exemple qu'une réussite professionnelle, au regard de l'entourage, soit en réalité vécue comme un échec personnel (ne pas avoir fait le choix de suivre son propre parcours).

Nous venons d'expérimenter ensemble quelques clés du changement. Une partie de notre bien-être au travail, qu'on soit salarié ou indépendant, réside dans le fait d'oser honnêtement se poser des questions quant à son parcours. Un parcours n'est pas meilleur qu'un autre. Tous sont riches d'apprentissages et nous permettent une construction personnelle aux bénéfices multiples.
J'aimerais tout de même te faire part d'un chiffre : 94 % des personnes ayant réalisé une « rupture » de parcours ne retourneraient pas dans leur ancienne vie, même si leur nouvelle vie est financièrement moins intéressante et plus instable ! Pour accueillir le changement, il faut apprendre à se projeter à long terme. On juge toujours dans l'immédiateté. On définit dans l'instant que quelqu'un « réussit dans la vie » ou « ne réussit pas », mais qui te dit que cette amie encore au chômage n'est pas la J.K. Rowling de demain ? Il nous faut faire preuve d'humilité face au temps et ne plus penser que

ce qui est vrai aujourd'hui le sera demain. Ce n'est pas parce que tu travailles aujourd'hui dans une toute petite start-up en développement où chaque euro est compté que demain ton entreprise ne sera pas un leader de son marché.

Souvent, on ne comprend l'importance d'un événement et son impact réel que des années plus tard.

9

Questionner le sens de ses actions

Notre quotidien nous laisse souvent peu de temps pour nous interroger quant au sens de la vie. Si tu lis aujourd'hui ces lignes, tu peux être fier de toi. Cela signifie que tu as mis en pause ton quotidien pour passer un peu de temps avec toi-même.

Prendre le temps de s'interroger est essentiel et j'espère avoir soulevé, au fil des pages, quelques nouveaux questionnements en toi. Et si nous allions plus loin ? Si nous nous arrêtions un peu pour nous interroger sur notre place dans ce monde ? Qui sommes-nous ? Quel sens donner à notre existence ? Dans un environnement où produire plus et plus vite est devenu la norme, la place que nous donnons à notre « être intérieur » est infime. Ne serait-il pas temps de nous accorder ce luxe et de questionner la direction que nous souhaitons donner à nos vies et, plus largement, à l'avenir de l'humanité ?
D'autres cultures, moins matérialistes et plus spirituelles, ne semblent pas moins heureuses. Au contraire, penser l'humain en le dissociant du sens de son existence, en le réduisant à un exécutant et un consommateur, va à l'encontre de notre nature profonde. Nous sortons

lentement de cette ère, et une prise de conscience commence à gagner notre société, j'en veux pour preuve toutes les interviews que nous avons pu mener sur loptimisme.com : ce gérant d'un magasin de sport qui lance un jeu de société pour créer de la joie, ce directeur des systèmes d'information d'un groupe industriel qui devient masseur ou ce salarié directeur de produits d'une grande entreprise qui plaque tout pour créer une lessive écologique… De tels exemples de changement, il y en a des milliers !
Si, pendant un temps, cet « éveil » n'était pas visible, l'entreprise le constate aujourd'hui. Ce ne sont plus seulement les ventres des salariés qui sont vides et demandent à être nourris d'un meilleur salaire, ce sont leurs âmes et leurs cœurs qui ont besoin de nourriture.

Une nouvelle révolution est en cours : la révolution des consciences.

Constat : ennui et *bore-out*

« Je m'éteins à petit feu. » Combien de fois ai-je entendu cette phrase dans la bouche de personnes à la limite de l'épuisement professionnel ? Ce qu'on appelle le « *bore-out* » – expression inspirée du burn-out, prenant racine dans le mot « *boredom* » –, pourrait se traduire par le syndrome qu'éprouve un salarié à ne plus faire que des tâches sans intérêt et peu motivantes et dont l'ennui pèse lourd sur son mental. En somme, une personne en *bore-out* est victime d'un « ennui profond ».

Une autre forme d'ennui peut s'emparer de nous, moins grave, mais plus pernicieuse. On peut être très occupé au quotidien, mais pour autant, s'ennuyer terriblement dans sa vie. La raison ? La perte de sens au travail et dans son existence plus globalement.

D'ailleurs, t'es-tu interrogé sur le sens de ton engagement ? Peut-être te dis-tu que tu n'as pas le temps, que tes journées sont bien remplies, que tu as une famille, un emploi du temps plein à craquer… Mais n'as-tu pas remarqué ces quelques amis aux emplois du temps aussi chargés que le tien qui pourtant, arrivent (en plus !) à s'engager ? Comment font-ils ? L'astuce est simple : ils ne laissent pas passer au second plan les causes qui les animent et les font vibrer. Dans la course du quotidien,

accorder du temps à ce qui nous tient à cœur est une grande source d'énergie !
J'ai pu constater, lorsque je discute avec les lecteurs, que la majorité d'entre eux ont le cœur sur la main et ont envie de se sentir utiles et d'aider les autres. Mais tous n'y accordent pas de temps. Or cela donne du sens à notre existence. Et rassurons-nous : nul besoin de sauver le monde pour trouver du sens à une action.

Le sens se trouve dans les petites choses de la vie.

Intéressons-nous de plus près au mot « sens ». J'ai récemment remarqué qu'il était « polysémique », c'est-à-dire qu'il contient plusieurs définitions. « Sens » peut signifier « direction » – dans quel sens allons-nous ? Il peut également vouloir dire « signification » – quel est le sens d'un mot ? Enfin, il veut dire « sensation », nous avons cinq sens (et parfois un sixième : l'intuition).
Les études sur le bien-être en entreprise insistent sur le fait de « donner du sens à quelque chose ». Il peut tout à la fois s'agir d'un objectif que le salarié poursuit, de la signification d'une action dans le présent ou des sensations que quelque chose ou quelqu'un nous procure. Alors, où trouver du sens ?

Souvent, tu te
sens fatigué,
non pas parce que
tu en fais trop,
mais parce que
tu fais trop peu
de ce qui te fait
vibrer.

Le sens du lien

J'ai souvent demandé aux participants de mes conférences ce qui donnait, selon eux, du sens à leur travail. Curieusement, « être cadre », « gagner de l'argent » ou même la mission de l'entreprise ont rarement été cités. Dans 93 % des cas, le sens impliquait une contribution sociale et un lien avec l'autre. « Aider des équipes à grandir » et « savoir qu'on contribue à rendre ses collègues heureux » ont été les actions les plus citées concernant l'entreprise. « Accompagner mes patients vers quelque chose », « rendre heureux mes clients », pour les actions tournées vers l'extérieur. Bien sûr, tout le monde n'a pas ce genre de considération et certains salariés travaillent uniquement dans le seul but de gagner de l'argent, même si moins de 5 % considèrent le salaire comme la source essentielle de leur satisfaction au travail.

Le lien sous toutes ses formes reste l'un des facteurs de bien-être les plus importants en entreprise. Si une structure peut le favoriser à l'aide de team-building, de sorties d'équipes et autres événements collectifs, le lien que nous créons avec nos collègues ne dépend que de nous-mêmes. On peut aussi bien tomber sur un collègue qui nous correspond que sur une personnalité qui nous semble imbuvable, il suffit pour cela de

n'avoir aucune valeur en commun. Si de son côté, ton employeur tente d'améliorer les liens en organisant des pots d'entreprise, de choisir de beaux locaux, il n'a pas le contrôle sur les relations interpersonnelles.
Les études ont régulièrement omis ce détail en définissant le « sens du travail » comme le sens de *son* travail et non pas le sens *au* travail. Une partie de celui-ci passe par notre impact sur les autres. Notre boulot en soi ne fait peut-être pas sens pour nous dans l'immédiat, mais nous pouvons nous sentir utiles à travers nos actions bénéfiques pour nos collègues.
Pourtant, le lien se perd dans l'entreprise, tant et si bien qu'on envoie un mail à son collègue du troisième étage pour lui demander un renseignement au lieu de lui passer un coup de fil. Une entreprise avait un jour accueilli une artiste en résidence lui donnant carte blanche pendant trois mois. Au bout de quelques semaines, ils l'ont vu coller sur le sol des bandes de scotch roses et bleues, des sortes de lignes anguleuses allant d'un point à un autre. Interpellés, les salariés lui ont demandé de quoi il s'agissait. Elle avait matérialisé, dans l'open space, les déplacements des uns et des autres pour aller parler à un collègue… Et ils n'étaient pas nombreux. Parce que l'open space, qui est censé inciter à échanger, produit souvent l'effet inverse : pour y conserver le silence, on ne dit mot et on perd l'échange de vive voix.

Les petites choses,
les petits bonheurs,
les petits moments…
Ils ne sont pas petits.

Le sens passe ainsi par les autres, par la convivialité et par ce qui fait de nous des hommes : la parole. À chacun d'en prendre la mesure et de tenter, s'il s'agit de notre personnalité, d'établir des liens : chaque salarié peut devenir moteur et organiser des événements. Par exemple, ce sujet était à des années-lumière des considérations des patrons de mon ancienne entreprise. Pourtant, quasiment chaque matin, dans la cuisine, on trouvait des croissants, des pâtisseries en provenance de différents pays, des bonbons. Naturellement, les salariés rapportaient de leurs vacances un petit souvenir, pensaient aux collègues en passant devant la boulangerie le matin, etc. Si nous avions attendu de notre hiérarchie qu'elle organise ces petites rencontres informelles, cela ne serait jamais arrivé. Et si notre entreprise nous avait offert chaque matin le petit déjeuner, aurions-nous pris l'initiative de le faire ?
Ce qui s'applique au monde de l'entreprise est, comme chaque fois, valable dans notre vie personnelle. Nous sommes coresponsables des relations que nous entretenons avec les autres. Soyons nous-mêmes moteurs, à notre mesure, en prenant des initiatives et en posant des actions qui permettent de nous lier les uns aux autres. Nous ne sommes pas obligés d'attendre que l'extérieur le fasse pour nous ! De petits gestes, au travail, peuvent changer la donne : offrir le café à son collègue, proposer

son aide sur un dossier, engager la conversation dans l'ascenseur…
Cultivons précieusement le lien ; en plus d'être source de bonheur, il est source de sens.

Ces petits riens qui nous unissent

Je suis certaine que tu peux faire ta part dans ton quotidien professionnel pour améliorer la qualité du lien que tu entretiens avec tes collègues. Que dirais-tu d'un petit défi pour détendre l'atmosphère au travail et vivre de nouvelles interactions positives ? Je t'invite à prendre cet exercice comme un jeu ! Le but est de te montrer qu'avec un petit rien, on peut parfois changer la donne.
Parmi les actions positives suivantes, choisis-en une qui te plaît et que tu te sens capable de mener au travail. Réponds ensuite intuitivement aux questions pour avoir un aperçu de l'impact de ton action.

- Préparer le café à un collègue.
- Écrire un e-mail de remerciement.
- Engager la conversation dans l'ascenseur.
- Inviter un collègue que tu ne connais pas à aller en pause avec lui.

- Sourire jusqu'à recevoir cinq sourires en retour dans la journée.
- Prendre des nouvelles (sincèrement !) d'un collègue de bureau.
- Cuisiner un gâteau pour l'anniversaire d'un collègue.
- Faire un compliment sincère.
- Saluer quelqu'un par son prénom pour lui montrer ton appréciation.
- Proposer à tes collègues d'organiser un repas commun.
- Écrire sur un post-it « tu es formidable » et le coller sur le miroir dans les toilettes.

La liste est infinie et tu peux créer tes propres actions positives ou actes de gentillesse ! L'important est de poser une « action » qui te paraît bonne et bénéfique.

Après chaque action, réponds à ces questions :

1/ Qu'as-tu ressenti au moment de faire ton « petit rien » ?

2/ Comment ton collègue a-t-il réagi ? (Décris ses réactions, ses mots…)

3/ Qu'as-tu appris de cette expérience ? Sur toi-même ? Sur ton collègue ?

Tu es seul acteur dans ce jeu, personne ne le fera à ta place. Pour ma part, j'aime particulièrement le post-it : sourires et succès garantis !

On ne s'en rend pas forcément compte

Parfois, on ne se rend simplement plus compte du sens de nos actes. J'intervenais récemment devant mille experts-comptables. Je ne connais pas vraiment ce métier, en revanche, je suis certaine d'une chose : sans mon expert-comptable, mon entreprise n'existerait pas et, surtout, ne survivrait pas ! Toutes ces déclarations à mettre en place pour les salariés, tous ces paiements à faire, une vraie jungle. Lors de la réunion préparatoire à la conférence, j'ai simplement rappelé ce fait : « Sans mon expert-comptable, l'Optimisme n'existerait pas, pas d'emploi créé et notre jolie histoire ne se serait jamais écrite. » Et mes interlocuteurs de me dire que rarement on le leur rappelait et que les experts-comptables, souvent noyés sous les chiffres et la réglementation, perdaient parfois le sens de leur action, oubliant de prendre du recul. À ce moment-là, je me suis rendu compte que je n'avais jamais vraiment remercié mon propre expert-comptable. À présent, c'est fait !

On ne mesure pas toujours le sens de notre vie.

Je peux pousser plus loin le raisonnement. Sans lui, pas d'Optimisme, donc pas de Michel Lafon me proposant de rédiger un premier ouvrage. Depuis la sortie du premier livre, il ne se passe pas une semaine sans que je ne reçoive des messages de remerciement pour l'avoir écrit ; on me dit parfois qu'il a changé la vie de quelqu'un. Cela signifie que mon comptable a indirectement contribué à changer la vie de cette personne. Cette dernière ayant bougé les lignes de sa vie, cela a peut-être donné l'idée à son cousin de passage pour un dîner familial de faire de même, et ainsi de suite.

J'aime me prêter au jeu des dominos, il montre à quel point nous ne nous rendons pas compte de la véritable portée de nos actions. À peu de choses près, quoi que nous fassions, nos actions ont un sens. Quand nous avons le nez dans le guidon, nous cherchons à le minimiser, mais nous sommes tous une pièce d'un puzzle géant, qui au final ne fait qu'un.

Soyons conscients que nous ne pouvons pas tout comprendre et déculpabilisons-nous si, rationnellement, nous ne changeons pas le monde. Nous ne pouvons pas nous rendre compte de l'ensemble des répercussions de nos actions, mais une chose est sûre : elles sont nombreuses. C'est pour cette raison que je parle si souvent de l'intuition ; elle, plus que le reste, peut nous dire si ce que nous faisons est juste.

Le jeu des dominos

Je t'invite à te prêter à l'exercice des dominos. Pense à une action, un mot, un geste qui a eu un jour, au travail, des répercussions positives sur un ensemble de personnes. Écris dans le premier domino ce que tu as fait initialement et inscris jusqu'à quatre conséquences positives pour avoir un aperçu de l'impact de ton action sur les autres.

Déclencheur positif que j'ai initié ………	Conséquence positive 1	Conséquence positive 2	Conséquence positive 3	Conséquence positive 4

Il ne faut pas forcément tout quitter…

Tu l'auras compris, la quête de sens est beaucoup plus subtile et va au-delà de notre seul métier ou poste au sein d'une entreprise. J'aimerais toutefois attirer l'attention sur ce culte du « je quitte mon job, je monte ma boîte » et tout ce fantasme autour du sens de l'entrepreneuriat. Bien sûr, je ne peux que te dire que le parcours peut se révéler surprenant et riche. En revanche, il est important de se remémorer les trois composantes du bonheur. Quitter un emploi pour un métier ayant plus de sens pour toi, mais moins bien payé, augmentera la part de bonheur eudémonique (du sens : le sens dans ton métier) mais diminuera la part de bonheur cognitif (capacité à obtenir ce qu'on désire : tu n'auras plus les moyens de te payer tout ce dont tu as envie). En faisant le choix de quitter mon précédent travail, j'ai accepté un changement dans mes capacités financières. J'aurais pu le vivre difficilement, n'ayant plus les moyens de certains de mes amis. La réussite financière ne voulant plus rien dire à mes yeux, cela ne m'a nullement contrainte et mon cercle d'amis s'est adapté ; j'ai même fait de nouvelles rencontres. En revanche, celui qui a un crédit à payer peut se retrouver dans une situation compliquée, voire dangereuse. J'ai vu des entrepreneurs être plus heureux par la liberté acquise, mais souffrir dans leur vie familiale à cause du stress des factures.

Tout quitter ne donne pas forcément du sens à sa vie.

Ne crois pas cet effet de mode qui laisse à penser que quitter son job rend heureux. C'est bien plus complexe que cela ! Bien sûr, cela peut se révéler nécessaire pour mettre en place une idée qui nous tient à cœur depuis longtemps, mais il est intéressant d'abord de chercher les pistes à l'intérieur de sa structure pour voir ce qu'on peut y faire. Les entreprises doivent tellement se réinventer que je cultive le doux espoir que certains osent y rester pour les révolutionner de l'intérieur. Cela dépend bien sûr et avant tout de l'analyse que nous avons faite de notre parcours de vie et de notre étape de vie.

Lettre à mon DRH intérieur

Dans ta vie professionnelle, tu as peut-être déjà rencontré un conseiller d'orientation ou un DRH dont la mission était de te guider et de t'informer dans tes choix de carrière. J'ai appris avec le temps qu'à l'intérieur de nous-mêmes, il y avait aussi un conseiller d'orientation : notre cœur et notre intuition !

Dans cet exercice, je te propose d'être ton propre conseiller d'orientation.
Ce conseiller intérieur ne connaît pas de limites et il est là pour t'aider à trouver la meilleure voie possible pour toi, adaptée à ce que tu es. Donc, n'hésite pas à inventer, à chercher au fond de toi les idées les plus insolites, surtout si elles te paraissent incongrues ou impossibles pour le moment ! Voici un exemple de lettre à compléter.

Cher…………,
Je vous écris pour faire avec vous un bilan de vos talents et vous suggérer un projet de carrière rêvé. Au vu de vos talents (définis plus tôt dans le livre) : …………, …………, ……………,

……………, ……………, ……………, et de ce qui vous fait vibrer : …………, …………, …………, …………,
je vous propose votre projet de carrière rêvé suivant : ………………………………………………

L'objectif : te rendre compte qu'il existe nombre de métiers qui peuvent te correspondre !

S'affranchir a un prix.

Il est possible que, pour l'instant, tu trouves plus de sens à rester dans ton entreprise. J'ai rencontré des personnes qui, comprenant les dysfonctionnements de leur entreprise, choisissaient d'y rester, dans l'espoir de changer les choses en interne. De cette salariée depuis vingt ans dans une maison de luxe, plutôt *old school*, qui a bousculé toutes les lignes en interne pour permettre à son équipe de rejoindre notre réseau et d'assister à l'intégralité de nos événements, à ce responsable de l'immobilier pensant avant tout à favoriser la création de lien dans ses lieux. Ils ont su insuffler une nouvelle dynamique à leur équipe. Ils ont aligné

leurs convictions personnelles avec leur parcours professionnel. C'est donc possible !
Les convictions se partagent et les émotions sont contagieuses : ce qui est anecdotique **aujourd'hui peut devenir la norme de demain !** Partir ou rester, à ton cœur de décider !

10

Créer sa propre reconnaissance

Nous arrivons bientôt à la fin de ce livre, je pourrais continuer à échanger avec toi pendant des heures, mais il faut parfois conclure. J'ai évoqué jusqu'à présent différents systèmes de reconnaissance : reconnaissance financière, reconnaissance de la hiérarchie, reconnaissance sociale... Évidemment, je ne pouvais clore le rapport de mon « enquête » que par ce fameux sujet du « manque de reconnaissance ».

Si tu t'intéresses au « bien-être en entreprise », tu n'as pas pu y couper. Des dizaines d'articles fleurissent sur la gratitude, les remerciements, etc. Et des dizaines de commentaires évoquant un ancien boss, un ancien collègue, une ancienne entreprise qui n'ont jamais dit merci.

Évidemment, comme toute chose, le « manque de reconnaissance » se situe partout : dans notre vie, au travail, à la maison, avec ses proches.

Constat : je ne suis pas reconnu

« Mon manager ne me dit jamais merci », « Je suis invisible », « Sans moi, le système ne fonctionne pas, et personne ne s'en rend compte !!! »

Ton cerveau croira toujours
ce dont tu le nourris.
Remplis-le
d'amour,
d'optimisme,
de vérité.

C'est, hélas, une triste réalité dans nombre d'entreprises, et il peut être normal d'en ressentir une certaine injustice.
On oublie souvent de se remercier dans le milieu professionnel. « Je te paie pour ça et en plus tu voudrais que je te remercie ? » S'il est important d'être remercié et reconnu pour le travail que nous avons fourni, ne tombons pas à nouveau dans cette attente du « bon point » à travers un merci qu'on cherche de la part de son manager.

Une question de référentiel

Mon ancien patron n'était pas vraiment du genre à remercier ses collaborateurs. Curieusement, cela ne m'a jamais manqué. Pourquoi ? Pour les raisons évoquées précédemment. J'ai toujours été consciente qu'un merci est fonction du référentiel de celui qui le donne. Celui qui n'aime pas être remis en question et qui veut faire de nous un simple exécutant nous remercie d'avoir effectué une mission sans y réfléchir et sans rien dire. Il nous remercie d'avoir obéi et d'avoir accédé à sa demande. Inversement, on peut être éjecté, ou « remercié » (dans l'autre sens du terme) pour avoir osé remettre en question un système et mis en péril l'autorité de la hiérarchie.

Hasard de la linguistique si ce mot sert autant à gratifier qu'à licencier quelqu'un ? Je ne crois pas... La langue française est bien trop riche et subtile pour laisser une telle place au hasard.
Le remerciement est ainsi subjectif, et si le grand patron a pu te *remercier* pour cet acte héroïque, le manager sur la sellette peut te vouer une haine viscérale, et faire en sorte que tu sois *remercié*... Plusieurs salariés ont évoqué avec moi le fait d'avoir justement essayé de parler de qualité de vie au travail dans leur entreprise avant que le sujet soit sur le devant de la scène. Probablement trop avant-gardistes, ils s'y sont brûlé les ailes : « Ce n'est pas un sujet. Si les salariés veulent partir, qu'ils partent », « Ça va mettre le bordel si on le/la laisse en parler. » Certains d'entre eux ont même été virés ! Moins de trois ans plus tard, leurs anciennes entreprises sont les premières à communiquer sur le sujet...
On peut ainsi interroger l'acte de remerciement. Il y a bien sûr les remerciements spontanés, gratuits et généreux, ceux qui établissent que nous avons travaillé ensemble dans la même direction et que nous partageons une vision commune. Alors, peut-on attendre le remerciement des autres ? Bien sûr, je ne dis pas qu'il faut tolérer qu'on ne nous remercie pas. Je t'invite seulement à ne pas t'offusquer de ne pas recevoir de remerciements quotidiens de la part de ta hiérarchie.

Dernier point, le « merci » est comme le « je t'aime », il s'agit seulement d'un mot. Certaines personnes le disent facilement, mais pour d'autres, c'est plus compliqué. L'empathie permet de comprendre qu'on ne peut pas forcer quelqu'un à le dire, parfois cela lui demande un trop grand effort, même s'il le pense. Mon ancien patron n'avait pas besoin de me remercier pour que je comprenne sa reconnaissance à mon égard et la ressente.

J'évoquais précédemment les interactions que nous avons avec nos collègues. On se remercie moins aujourd'hui parce que bien des échanges passent par des e-mails et qu'un merci écrit a souvent moins de valeur qu'un merci oral, d'autant qu'il peut aussi être sec et injonctif – « merci de me transmettre le dossier » – et perdre sa signification originale.

Un peu désemparées, les entreprises commencent à mettre en place des outils digitaux incitant les salariés à se remercier… Un remerciement = un point, plusieurs points = un cadeau. Cela en dit long sur notre société infantilisante… À quand la tirelire à gros mots ?

Bien sûr, il existe de vrais mercis, des mercis qui viennent du cœur, ils circulent de cœur à cœur et nous rappellent que les uns sans les autres, on n'arrive pas à grand-chose.

Qui dit merci ?

Je t'invite à te prêter au jeu.
De qui attends-tu des mercis aujourd'hui dans ton entourage professionnel ? Dans ton entourage personnel ?
Te sembleraient-ils donnés pour les bonnes raisons ?
Certaines personnes te disent-elles merci autrement ? Si oui, comment s'y prennent-elles ?

La confiance, ce n'est pas :

« Ils vont m'aimer. »

Mais :

« C'est OK

s'ils ne m'aiment pas. »

Reconnaissance des autres

Quand tu envisages ton parcours, tu prends probablement des décisions en laissant le jugement de ton entourage proche et éloigné t'influencer. Ne t'en blâme pas, comme je l'évoquais précédemment, la peur du regard des autres est un élément commun à tous. Pourtant, la reconnaissance fonctionne sur des barèmes propres à chacun d'eux et sur la projection qu'ils font de toi. Et tu ne pourras absolument pas satisfaire tout le monde. Attendre l'adoubement de quelqu'un, peu importe sa place dans notre vie, nous décentre de nous-mêmes. D'ailleurs, nous cherchons plus d'une seule reconnaissance, nous voudrions celle de nos amis, de notre famille, de notre hiérarchie, de nos collègues. En cherchant à répondre à chacun de leurs critères, nous risquons de nous mettre en danger, en acceptant de faire des choses qui ne répondent pas à nos valeurs profondes. Bref, qui ne sont pas nous…

Rassure-toi, tu seras toujours le héros des uns et la risée des autres.

Peut-être fais-tu partie de ceux ayant voulu d'abord rendre leurs parents fiers. Combien sommes-nous à avoir, un jour, rêvé d'un « je suis fier de toi, mon fils / ma

fille ». Bien sûr, nombre de parents sont fiers du métier de leurs enfants en toutes circonstances, mais ce n'est malheureusement pas toujours le cas. Certains projettent encore leurs aspirations personnelles sur leurs enfants, même quand ceux-ci sont devenus adultes ! Si notre père est menuisier et que nous devenons à notre tour menuisier, il pourra s'enthousiasmer d'avoir réussi à transmettre sa passion. En revanche, face à un père espérant que, comme lui, nous suivions la voie royale, SA voie royale (être énarque, par exemple), il y a fort à parier que le choix de la menuiserie soit peu valorisé.
Tu peux remplacer la notion de « père » par celle de « mari », « femme », « mère », « sœur », « grand-mère », « manager » et tous ceux dont la reconnaissance compte à tes yeux. Là encore, attendre l'assentiment des autres est spéculatif : cela ne dépend pas de qui tu es, mais de qui sont les autres.

Il n'est pas de notre responsabilité d'être qui nos parents espèrent que nous devenions.

L'avis
des autres,
c'est la vie
des autres.

Une question d'influence

Note sur une feuille la liste de toutes les personnes à qui tu as voulu plaire dans ta vie : amis, amants, parents, enfants, entourage, patron, équipe.
Définis pour chacun d'eux leur système de reconnaissance (sociale, esthétique, financière, artistique…).
As-tu essayé de t'y conformer ? Analyse si ces systèmes sont ceux auxquels tu adhères.
Sois serein : tu ne pouvais pas plaire à tout le monde.

La seule vraie reconnaissance

Jusqu'ici, nous avons évoqué des formes de reconnaissances extrinsèques. Mais c'est oublier la plus grande forme de reconnaissance : la sienne vis-à-vis de soi…
Dans mon ancienne vie, j'avais acquis un certain nombre de formes de reconnaissances extérieures. Cela me faisait du bien à l'ego et parfois au porte-monnaie. Je me berçais de cette illusion. Jusqu'à ce que je comprenne que toutes ces reconnaissances n'étaient pas pérennes. Elles dépendaient de l'entreprise dans laquelle

je gravitais, du pays dans lequel je vivais, de mon entourage du moment, et pouvaient toutes disparaître du jour au lendemain.

Au fond, la seule personne qui ne disparaîtrait pas de mon champ de vision, c'était moi. Et la seule vraie reconnaissance était la mienne envers moi. Dans l'intimité de mon cœur, étais-je heureuse et fière de mon parcours ? Ce que je faisais dans mon quotidien était-il en lien avec mes convictions personnelles ? Et puis, étais-je vraiment moi-même ? Pouvais-je faire mieux ?

Créer mon entreprise m'a permis de définir nos valeurs avec une équipe, de dessiner une culture d'entreprise et une vitesse de développement. Nous avons fait des choix : la gentillesse, l'autonomie et la curiosité sont trois des éléments fondamentaux communs à l'ensemble de nos salariés. Pour nous, la réussite, c'est l'engagement, l'innovation sociale, le lien, la confiance… Alors oui, je le sais, notre entreprise n'est pas parfaite, mais je suis très à l'aise avec cela, parce que les valeurs qui font mon système de reconnaissance (et celui de l'équipe, j'espère) sont là.

Je pourrais regarder ce que les autres pensent de nous. Dans une culture à la course du « toujours plus », pourquoi ne voulons-nous pas devenir plus vite internationaux, embaucher plus de salariés, etc. ? Tout simplement parce que cela nous imposerait de passer des accords qui réduiraient notre autonomie. De même, la curiosité demande du temps – celui de la lecture, celui des rencontres. Faire grandir notre entreprise trop vite nous imposerait un rythme encore plus soutenu qui risquerait de nous faire perdre notre essence.

Je sais que j'aurais, à ma manière, mené et partagé ma quête. Celle dans laquelle chacun ose exprimer sa singularité et développer ses pleins talents pour les mettre au service d'un monde de demain un peu plus beau.

Faire ce qui est juste,
ce n'est pas faire ce que les autres
attendent de toi,
ni ce qui te rapporte
de l'argent.
C'est faire ce que ton intuition
te conseille.

Tu peux oser être toi, même en entreprise.

Conclusion

Il est temps de conclure, notre conversation a été dense. Arrivé à ces mots, tu t'interroges peut-être… Qu'ai-je partagé au fil de ces pages ? Poids de l'algorithme, système éducatif, croyances limitantes… Je t'ai fait naviguer d'un univers à l'autre, de l'entreprise à la société dans sa globalité, pour te proposer des pistes de réflexion. Le livre a-t-il tenu sa promesse ? A-t-il répondu à tes questions ? J'espère qu'il t'a apporté quelques solutions pour te permettre d'être vraiment toi dans ton quotidien.

Dès l'écriture des premières lignes, je savais que je n'aborderais pas seulement le sujet du travail. Certains cherchent à le cantonner à sa seule fonction, et par conséquent, à notre « bien-être » dans le cadre unique de l'entreprise. Je ne pouvais m'y résoudre, tant la vie professionnelle et la vie personnelle sont entremêlées. Plutôt qu'un livre à seule destination de l'entreprise, j'ai préféré converser directement avec toi parce que toi et toi seul es en mesure d'inventer ta vie.

Nous avons la capacité d'exprimer à l'extérieur qui nous sommes à l'intérieur.

Notre quête de bonheur, quelle qu'elle soit, se doit de commencer par regarder à l'intérieur de nous-mêmes. Quelle est cette flamme qui nous anime intérieurement ? Une fois qu'elle s'allume, elle éclaire notre parcours et nous permet de nous révéler et de comprendre un peu mieux le monde qui nous entoure.
J'ai écouté les parcours, des mails de cinq pages sortis tout droit du cœur aux conversations feutrées. J'ai confronté la réalité du terrain à la science du bonheur pour découvrir que tous ceux qui se sentaient bien dans leur travail actuel avaient quelque chose en commun : **ils avaient osé être eux-mêmes et avaient aligné leurs convictions personnelles avec leur vie professionnelle.** Ils avaient décidé de renoncer à certains avantages, finalement illusoires pour eux, pour en choisir d'autres, plus en harmonie avec la partition de leur vie.

Être libre.

Être vrai.

Être soi.

Je vais te faire une confidence : il n'a pas été facile d'écrire ce livre. Je suis passée par des centaines d'émotions contradictoires en replongeant dans la mémoire de mes rencontres. J'ai parcouru mes calepins noirs griffonnés de notes, échangé pendant des heures avec des spécialistes, poussé les discussions à la limite de l'intimité. J'ai vu la maladie, conséquence du « mal a dit » et tous ces maux de l'entreprise : des hommes puissants n'osant annoncer à leur hiérarchie qu'ils ont un cancer, des femmes admirées, littéralement abattues dans leur vie personnelle, des chanteurs adulés à la merci d'enjeux financiers. J'ai été tout à la fois triste et révoltée. Mais j'ai aussi vu les belles âmes au milieu de ce monde qui me paraissait malade. Des personnalités éveillées changeant lentement la norme de l'entreprise, des salariés apportant joie et bonheur à leurs collègues, des PDG altruistes et bons. Ils rayonnaient de l'énergie de ceux qui ont osé être eux-mêmes.

J'en suis aujourd'hui convaincue : il n'y a pas de « bon métier », il n'y a pas de « bonne entreprise ». Il y a simplement des hommes et des femmes qui ont fait un travail personnel et qui ont su prendre du recul par rapport à leur entreprise et à leur place au sein de la société. Et tu es l'un d'eux.

Aucun chiffre, aucune statistique sur le bonheur ne fait le poids face à la complexité de l'être humain.

La vraie réussite
se trouve en soi,
dans sa capacité
à écouter son cœur
et à découvrir
son parcours
de vie.

Pour réfléchir au sens de son existence, nul besoin de ces outils modernes. Socrate ou Platon nous l'ont prouvé. Nous recherchons à l'extérieur les réponses que nous possédons à l'intérieur, et c'est là qu'il faut creuser, pour ne pas se *renier*.
Je dois t'avouer que je suis un brin émue de poser ici les derniers mots de ce livre et de devoir te laisser pour retourner à mon quotidien. Au fil de ces pages, j'espère avoir réussi à partager avec toi cette conviction :

Tu as, en toi, de quoi transformer ta vie personnelle ou professionnelle.

Cela peut te sembler abstrait aujourd'hui. Il va peut-être te falloir du temps pour le découvrir, il faut dire qu'il y a tant de systèmes à déconstruire ! Tu risques parfois d'être tiraillé entre soif d'aventure et repos, entre envie de tout quitter et sérénité.
Peu importe l'endroit où tu te trouves aujourd'hui, que tu sois salarié ou indépendant, que tu vives en ville ou à la campagne, que tu disposes de réserves financières ou que tu n'aies pas un euro de côté, que tu sois diplômé ou non, tout est possible, l'essentiel est d'oser rester soi et de rencontrer sa propre histoire…
À bientôt.

Le courage,
c'est d'être
toi-même
chaque jour
dans un monde
qui te dit
d'être quelqu'un
d'autre.

Remerciements

Merci à toi qui as parcouru ce livre jusqu'aux dernières pages.
Merci à la *dream team* de l'Optimisme d'avoir rendu ce projet possible, et d'avoir pris le relais pendant la rédaction de ce livre ! Sans notre fabuleuse équipe, rien de tout cela n'existerait et je mesure au quotidien ma chance de travailler avec vous.
Merci à vous qui participez à notre club loptimisme.pro (Agnès, Céline, Djamal, Christophe, Émilie, Florent, Isabelle, Laure, Laurence, Luc, Marika, Myriam, Sandrine, Thu-thuy… je ne peux pas tous vous citer !). Par votre engagement, vous me donnez confiance en l'entreprise de demain. Si parfois je m'interroge, chacune de nos rencontres renforce ma conviction que le monde change et nourrit mon optimisme. Merci pour toutes nos conversations si sincères, elles ont été précieuses dans l'élaboration de ce livre.

Merci à vous, amis, familles, connaissances, vous avez, sans le savoir, tous contribué à votre façon à l'élaboration de ces pages.

Il faut que l'on continue de s'aimer pour s'en sortir.

Si le livre t'a plu, tu peux :

- l'offrir à ton tour ;
- retrouver mon premier livre *Osez l'optimisme* dans la même collection ;
- écrire un commentaire sur Internet ;
- m'envoyer un e-mail à catherine@loptimisme.com pour échanger sur le sujet ou pour toute autre demande sur les prochaines conférences, rencontres, etc.

Vous retrouverez les études mentionnées dans ce livre,
ainsi que d'autres articles sur les sites :

www.loptimisme.com
www.loptimisme.pro

Tous les jours, nous publions le meilleur de l'actualité, nous réalisons des portraits de ceux qui changent de vie, de ceux qui participent à un monde meilleur. Nous publions également des études sur le bonheur, des conseils, des exercices et des méthodes destinés à vous aider à regarder la vie du bon côté.

Vous pouvez nous suivre sur Facebook, Twitter et Instagram :
@etsionsouriait et @loptimisme_officiel

* * *

Je partage l'envers du décor de l'entrepreneuriat, mes passions, mes doutes, mes conseils, mes idées et de nombreux mantras sur les différents réseaux sociaux.

Vous pouvez me retrouver sur Facebook, Twitter et Instagram :
Catherine Testa.

* * *

Pour les activités de conseil, pour les demandes
de conférences et interventions en entreprise :
www.catherinetesta.com
catherine.testa@loptimisme.com

Table des matières

Composition et mise en pages
Nord Compo à Villeneuve-d'Ascq

Imprimé en Espagne
Dépôt légal : janvier 2020
ISBN : 979-10-22403-90-0
POC : 0260